出路

生涯发展实战指南

刘彦杰 / 著

中国宇航出版社
·北京·

图书在版编目（CIP）数据

出路：生涯发展实战指南 / 刘彦杰著．--北京：中国宇航出版社，2015.5

ISBN 978-7-5159-0919-6

Ⅰ．①出… Ⅱ．①刘… Ⅲ．①职业选择 Ⅳ．①C913.2

中国版本图书馆CIP数据核字(2015)第089391号

策划编辑　田方卿　　责任校对　卢珊
责任编辑　方妍　　封面设计　杜晴岚　　排版设计　宇星文化

出版发行　中国宇航出版社
社　址　北京市阜成路8号　　邮　编　100830
(010)60286808　　(010)68768548
网　址　www.caphbook.com
经　销　新华书店
发行部　(010)60286888　　(010)68371900
(010)60286887　　(010)60286804(传真)
零售店　读者服务部
(010)68371105
承　印　三河市君旺印务有限公司
版　次　2015年5月第1版　　2015年5月第1次印刷
规　格　787×960　　开　本　1/16
印　张　16.75　　字　数　223千字
书　号　ISBN 978-7-5159-0919-6
定　价　35.00元

本书如有印装质量问题，可与发行部联系调换

前言

因为工作原因，我接触过很多这样的人，他们对自己的人生没有明确的目标，没有清晰的方向，对未来感到困惑和迷茫，不知道自己喜欢干什么，适合干什么，应该干什么，甚至厌倦自己正在做的事情。每个人年轻的时候或许都经历过这样的阶段，但如果长期徘徊在这种状态下，不主动调整，就可能为一生的发展带来严重的不良后果。这绝非危言耸听，而是很多悲剧人生的真实写照。出现这种状况，究其原因，是缺乏正确的引导和人生规划。

让人感到惊讶的是，很少有人为自己做一份人生规划，大多数人都是自己人生的消极旁观者。有些人眼睁睁地看着自己的生命一天天流逝，好像已经习惯了这种状态。

大家都有这样的感觉，我们现在能理解的东西，曾经却没有那个能力和眼界想清楚。我们总是用现有的能力和有限的不对称信息去思考和面对未知的未来，这让我们感觉似乎找不到方向，寻不到出路，伸手去抓，却什么都抓不到。

笔者致力于帮助大家破解生涯发展中一些真正棘手的难题，一目了然地指出人生发展中最核心的关键环节，一步步引导大家构建起属于自己的生涯发展体系。这个过程就如同勾画建造房子的图纸，没有它，砖头不知道该往哪里堆砌，手里的锤子也不知道该向哪颗钉子发起猛攻。当然，在风雨交加的夜晚，只想躺在舒适的床上玩 Iphone，你的人生理想就只能是一场梦，不会有任何房子盖起来。

笔者希望给大家带来的不仅是一套强大的生涯发展工具，更是一套先进的思维模式，书中将向大家展示如何将它们运用到日常学习和工作中去。

有一位智者曾说：“找到自己，就找到了一切。”相信每个人都是独一无二的，都有自己不曾觉察的巨大潜能，这些潜能就像埋藏在你家后院的宝藏，等待着你去挖掘。

只要你依照这个系统工具，便能够得到梦想中渴望拥有的生活，无论是财富，还是真正属于你的事业。

注意：这绝对不是大肆宣传。因为——

首先，选择阅读这本书，就说明你是一个有梦想的人，你渴望改变，渴望做得更好，渴望得到自己理想中的生活。就像大多数人一样，在前进的道路上，你会碰到一些问题，而且像大多数人一样，你也会产生迷茫和困惑，但是有了梦想，你就有了追求的动力，就不会像一些人那样得过且过地浪费自己的生命。

这是一个巨大的优势！而你，我的朋友，恰恰拥有这种优势。

其次，就笔者自己的背景和发展历程来看，几乎每个人都能实现自己的理想和目标。笔者只有一张普通院校的文凭，差强人意的是没有中途退学。再远一点，追溯到高中时代，笔者也跟大多数坐在教室里的高中生一样，梦想有一天祖坟上冒出一缕青烟，考入北大、清华这样的顶级院校。后来发现，当时的想法真是太多了。

毕业以后，笔者从最底层开始做起（当然也只能从最底层做起），靠着自己的努力，在公司中一步步升迁，后来自己成立了公司，如今专注于做咨询辅导……这些都是笔者一步一个脚印走过来的，虽然谈不上多大的成功，至少过着自己想过的生活，做着自己想做的事情。

其实，在成长的过程中，笔者能做到的事情，你一样能够做到。

第一，笔者搜集到了自己关注领域里的所有书籍，如饥似渴地阅读它们，并且不断地将其用于实践。笔者深知——知识不是力量，运用知识才是力量。当时，笔者真希望有一本书，能像本书那样详细地介绍生涯发展过程中的每一个重要环节和步骤，提炼出切实有效的策略和方法，让笔者不必再去书海里捞针。可是那时候，笔者只能一点一滴地去总结、实践、思考、再总结。

第二，笔者投入大量金钱去上一些名师课程，学习别人的智慧和经验，避免重复昂贵的学习曲线。这不但节省了大量时间，还让笔者结交到很多各行各业的精英，随时与他们进行“脑力激荡”。

生活中，大家都需要教练和良师益友。他们也许是面临挑战时帮助我们理清头绪的人，也许是生活出现变化时为我们指引方向的过来人，还可能是使我们终生受益的领路人。

第三，笔者剖析并运用自己的优势，不断修炼完善自己的生涯发展体系，实践中注意学习别人的经验和教训，制定切实可行的达成方案，并不断运用各种技术调整和优化。在风险可控的前提下，笔者整合各种资源和人脉，一旦有机会就升级和放大它们。

第四，笔者建立了属于自己的发展军火库。拥有发展军火库的好处，在于能够一目了然地知道自己的问题出在哪里，以及如何去解决它们。笔者可以随时在不断增长的诀窍百宝箱里调取策略、技术和方法，将其组合、优化和创新，以最快的速度达成目标。

尽管笔者智商中等，家境一般，但笔者仍然一次次实现了自己的人生目标和梦想，还帮助很多人实现了他们的人生目标和梦想，其中90%以上的人都获得了曾经以为无法达到的成功。

之所以告诉大家这些，不是吹牛以显示笔者有多么了不起，其实我们都是普通人。笔者说这些，只是为了让你知道，你也可以做得到，关键是我们不能把学业标准和媒体炒作当成自己追求的目标。相信很多人都比笔者学历高，背景优，机会好，也比笔者聪明，应该取得更高的成就。只是不要把别人的天赋当成自己的梦想，自己糊里糊涂地做了有才华的穷人。

当然，你并不需要经历笔者走过的那段艰辛路程，相信大家也不愿意去经历这个艰辛、崎岖、复杂的过程。如果当时笔者能够学到这个更简单、更有效、更快速的生涯发展策略，至少会少奋斗五年。

笔者承认，成功的大部分原因归功于做某件事情的决心，但成功过程中的很多诀窍能让你少走不少弯路。这些诀窍就在本书中，只是你必须首先阅读，然后再按照书中提示的步骤付诸实施。剩下的，就是看着迷茫和困惑离你远去，成功一步步向你走来。

下面是一些对阅读本书有帮助的观点。

（1）不要为这个过程担心或胆怯，这里并不需要什么天才或是北大、清华的名校文凭，你只要肯花心思研究透彻这个思路并付诸实践即可。很多时候，花心思比花钱重要得多。

（2）认识到你自己是独一无二的。你来到这个世界上走一遭，并不是为了平平庸庸地度日，打一壶酱油就回去的，而是要精彩地炫一把。要努力争取让自己在这个社会上留下点小小的名声。

（3）要避免完美主义。如果等到所有一切都准备好了再行动，有99%的可能是机会已经不屑地离你而去了。“立刻行动起来”是一个非常重要的准则。

（4）你也听说过“一夜暴富”这样的神话，并且因此心脏狂跳不止吧！笔者认为，天上掉馅饼这种小概率事件就别指望了，还是祈求天上别掉下石头、花盆和西瓜皮，击中我们那脆弱的躯体吧！实际上，对于我们大多数凡人来说，只有脚踏实地，才能平步青云。

（5）刚开始起步时，也许速度有点慢。没关系，几乎任何一件你现在做起来轻车熟路的事情，曾经都是很棘手的。从胆怯到自信，从困难到容易，从无力承担到完全胜任，这是一个有意义的成长过程。

生命只有一次，全程都是现场直播，没有预演，也无法重来。谁都不想搞砸对吧？下面的内容也许是你现在还未曾意识到，却是将来希望早一点能够看到的东西。如果没有过程，梦想就是幻想。

现在，让我们立刻开始这个过程吧！

P.S. 如果你没有一边悠闲地吹着口哨，一边等天上掉馅饼，或许实现自己最初的梦想没你想像的那么困难！

目 录

第一章

生涯发展聚能环系统

想像一下，5年后，当其他人还在苦苦挣扎时，你已经取得了事业上的巨大突破，成为所在领域的精英，甚至已经在独立而稳妥地开创自己的事业。如何让这一梦想早日实现？

▲ 引领你立于不败之地的“战略公式”

▲ 生涯发展中最易犯的糟糕错误

▲ 实战生涯规划 + 核能加速器

▲ 未来 10 年个人发展的重要法宝

▼ 引领你立于不败之地的“战略公式”

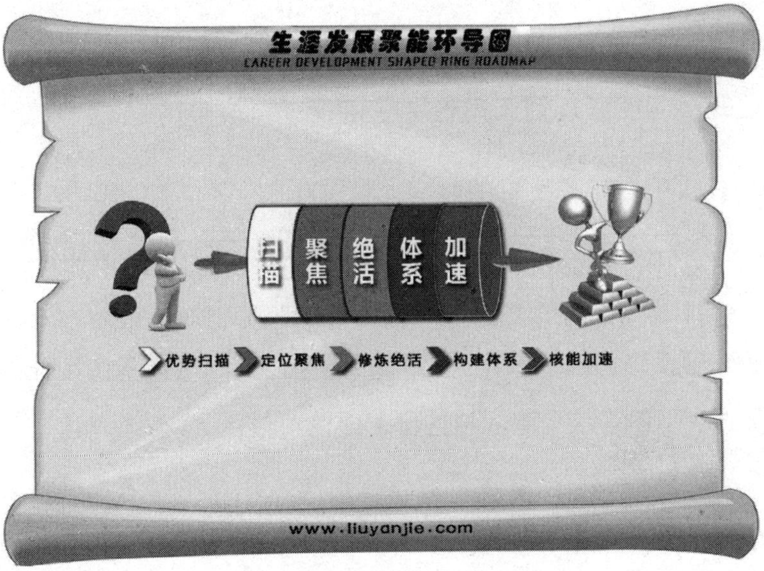

如果你按照此计划去实施，

你将至少以 3 倍的速度领先于同龄人！

亲爱的朋友：

由于就业和工作竞争的加剧，你只有努力成为那 5%的精英人才，未来才有可能不被淘汰，才能更好地照顾自己和你的家人。简而言之，找到一份好工作，安顿下来，能够长期发展，获得高额收入，如今要做到这些比以前困难得多，而且投入的时间和成本也越来越高。除非你掌握有效的秘诀，才能够让自己持续健康发展，变得更加强大。

考虑到你比我忙，我就直接从结果说起！

生涯发展聚能环系统的目的只有一个，就是帮助你成为所在领域的精英。5年后，或许其他人还在迷茫、困惑，依然找不到人生的方向，为生存疲于奔命，而你已经在持续发展，并获得高额回报了！

▼ 生涯发展中最易犯的糟糕错误

一些人在生涯发展的道路上会犯一些糟糕的错误，并且对这些错误浑然不觉。不久的将来，这些错误会给他们带来无尽的麻烦。

错误之一："生涯规划无用论"

有95%以上的人，在毕业的时候，或者在工作很长时间以后，都不会正儿八经地考虑给自己做一个生涯规划，直到遭遇发展瓶颈，才开始正视这个问题。

想想看，一个人花在影响自己未来命运的职业规划上的精力，竟比花在购买一件穿了一年就扔掉的衣服上的心思还要少得多，这是多么奇怪的事情，尤其是在未来的幸福和富足全部依赖这份工作的时候。

有一份经过有效规划的，既符合自己天赋，又是自己兴趣所在的工作，该是多么惬意啊！在以往的人看来，这不过是一个梦想，而对于现在的我们来说，却变成了一种可能，而且是必须要付诸实施的现实了。它不仅为人生带来满足感，而且能使自己变得更有竞争力。

你是如何看待这个问题的？让我们正视自己吧！

错误之二：重"规划"，轻"技能"

我承认，有不少人也做过生涯规划，最后他们失望了。如果你仅仅按照生涯规划的理论来执行，很快就会发现你还缺少某样东西，这使得规划无法有效地推进，至少速度远远低于你的预期。

我们需要明白一个事实：这是你缺乏某种技能导致的结果。这种技能可能影响你生涯发展的速度和质量，而这种技能，这种最为关键的技能，是很难被那些理论派的专家所掌握的，因为这些超越了他们的惯常思维模式和知识范畴，更不要说系统地传授给你了。

所以你面临这样的境况就没有什么好奇怪的了。其实，这也是我自己曾经经历过的：知道要做什么，但不知道具体怎么做，怎么高效地去做。

这样的开端本身就是有问题的。在实施过程中没有完美地融入这种技能，就好像一台本可以高速奔驰的汽车，因为没有上好的燃料，只能长期以自行车的速度“龟速”前进。

你要做的就是：不仅拥有一部超级跑车，而且要为它储备顶级的燃料，让这台车能够发挥它本该具有的威力，载着你以最快的速度到达目的地。

幸运的是，生涯发展聚能环系统为你提供了这样一个“完美的计划”，不仅能让你做好规划，而且为你提供真正可以放手实施，并且鲜受环境影响的核动力加速装置（一种系统工具和技能）！

如果用“内外兼修”来形容的话，那么这个核能加速装置就是让你修炼自己的内功。当内功修炼到了一定境界，外功就会显得更加简捷、直接，并能让你一招致胜！

▼ 实战生涯规划 + 核能加速器

这是一个引领你立于不败之地的“战略公式”。

只要你能遵循这一公式，那么你就可以真正做到游刃有余，快速成为所在领域的精英。想像一下，5 年后，或许其他人还在苦苦挣扎，而你已经取得了事业上的巨大突破，成为所在领域的精英人士并继续稳步前进，甚至很有可能已经在独立而稳妥地开创自己的事业。

“实战生涯规划”由四部分内容组成——优势扫描、定位聚焦、修炼绝活、构建体系。

我想你一眼就能看得出来，这几个部分之间有着极为严谨的逻辑关系。在无需深入展开的情况下，仅仅遵循这个表面上的简单逻辑，你就能让自己有一个更加清晰的发展思路。

让我们再向前进一步。

不知道你信不信，优秀、聪明、灵光的人，很有可能对自己并不如想像中了解得那么深刻。这真的很有意思，人们学习了大量的知识，这些知识充斥在自己的大脑里面。你指望它们为自己创造机会和财富，但是你居然没有搞清楚自己的优势在哪里，自己到底适合做什么！

无数次，当那些失落的人找到我的时候，我会与他们进行沟通。他们丰富的知识储备，跌宕起伏的职业经历，流畅的语言表达能力，不禁让我这个自认为是“专家”的家伙有些“汗颜”。但是要搞清楚一点，他们是来向我“求助”的，不是过来“吓唬”我的。这让我稍微松了一口气。

在交流中，我发现，他们普遍没有遵循这个战略公式。

他们没有找到自己的优势，没有定位聚焦在一个特定领域“广积粮，深挖墙”，更没有修炼出什么能够让人“顶礼膜拜”的绝活，而且他们也没有意识到构建“生涯支持体系”的重要性。准确地说，他们之前压根儿就没有生涯规划的概念，不能将自己所有的内外资源优化整合，形成一个“多米诺能量叠加场”。

如果他们早就做好了这些，那么现在真有可能吓倒我。但是很遗憾，现在是我小小地“吓”他们一下的时候。

现实就是，他们花费了大量的时间和精力去学习，去“做得更好”，但却没有一个精心策划的、洗练的、有坚定目标导向和可实施的生涯发展路线图。他们在四面埋伏的生涯战场上东奔西跑，不断摔跟头。那些知识和激情都快消磨殆尽了，但是梦想中的“奇迹”却迟迟没有出现。

这就跟打鹌鹑一样。一群鹌鹑呼啦啦地飞过来，他们抬起头来，以为只要扣动扳机，这些笨鸟就能轻易被打中。但是最后他们发现，除非选择一个清晰的目标，调整好射击角度，否则那些杂乱无章的射击将使他们的努力以失败告终——连一根毛都打不着，子弹倒是越来越少。

所以不要着急忙慌地“打鹌鹑”，先找好目标，制定一个一击即中的射击流程，然后把猎枪擦得贼亮，绝不能卡壳！注意，这里没有预演，只有现场直播，如果前几枪都打不中，鹌鹑就跑光了。

那么什么是核能加速器？

核能加速器由两部分组成——“聚能直效营销”和“聚能文字兵法”。

什么是直效营销？直效营销就是让潜在客户立即产生直接回应的营销。例如，你做的广告，电子邮件，报纸、杂志，销售型文案，互联网等一切营销活动，能够促使客户要么下单，要么电话咨询，要么留下邮件地址索取免费报告；或者加入微信，订阅邮件列表，或者转介绍甚至登门拜访等。这种让客户直接采取某种行动的营销方式，就是直效营销。

世界顶级营销大师泰德·尼古拉斯说过：“要么直效营销，要么死亡。”如果有一天作为一家企业的高管，你无法快速、有效地直接和客户沟通的话，那会直接影响你的业绩；当你创业成为老板，你不能做到这一点，那你在商业领域中继续发展的日子就屈指可数了。你不可能总是把宝押在第三方身上，或者指望任何其他人。

我们已经进入了一个崭新的时代，过不了多久，随着互联网、移动互联网和各种信息技术对整个产业链的不断颠覆和跨界整合，无论你从事哪个领域的工作，在哪家企业上班，处于什么样的职位，具备直效营销能力的人才，都将受到最大程度的欢迎，因为你掌握着未来企业生死存亡的核心技能。未来所有企事业单位的个人，都将直面服务受众，工作模式可能会发生革命性变化，真正的全员营销时代已经到来，而且无法逃避。

换一个角度来说，你的整个生涯发展过程，也是一个不断营销自己的过程，你同样可以把它运用到自己的生涯发展体系上，从而快速建立自己不可撼动的核心优势地位。

“聚能文字兵法”，是让这个强大武器运转起来的“燃料”。没有它，你的一切对外活动都将低效运转，甚至完全停止。很多人试图运用直效营销开展他们的事业，但是很不幸，他们没有储备这种“燃料”，这让他们很多很好的想法和策略无法有效落地，面对现实束手无策。

关于“聚能文字兵法”，后面将会详细探讨。

▼未来 10 年个人发展的重要法宝

如果你想持续发展，以小搏大，迅速增加个人收入和影响力，那么你必须在有效规划自己的基础上掌握核能加速器，越早越好。当你还年轻，才刚开始起步的时候，能学习到这些内容，将让你受益终生，而不是在有幸按部就班熬成“上司”或创立企业的时候，才冷嗖嗖地体会到“书到用时方恨少”的遗憾。到那时候，你要付出的不仅仅是“遗憾”的代价，还有“声誉”和“真金白银”。

换言之，这是你未来生涯发展必须要掌握的“新的重要法宝”。

我将这门很难学习到的“法宝”嵌入到生涯发展系统中来，目的就是帮助你避免付出这些代价，同时急剧提升你的生涯发展质量和速度。

当然，你也可以不以为然地忽略它。假使如此，我想你大概也忽略了更好的机会和更高的收入。5 年后，当你经历种种挫折，对个人发展和商业领域有了更深刻的认知时，再转过头来想想，你会非常后悔没有听取我的建议。

如果你遵循这个战略公式，你将打造出仅属于你个人的实战生涯发展系统，至少以 3 倍的速度领先于同龄人！

是的，当其他人还在气喘吁吁地东奔西跑，还在用他们石器时代两轮驱动的生物能“马达”的时候，你已经安上了核子发动机，从他们身边呼啸而过，提前到达目的地并享受日光浴了。

让我们行动起来吧！

第二章

聚能环之一：优势扫描

找到自己的优势，这是你茁壮成长的“根源”。如果你执意在自己的短板上苦斗，费尽心思将方木塞进圆孔，结果就是——事倍功半。鞋子合不合脚，只有自己穿着才知道，不要欺骗自己，要真实不虚。

- ▲ 正式开始“扫描”之前的话
- ▲ 一封发人深省的邮件
- ▲ 为什么要首先找到你的优势
- ▲ 如何一步一步锁定自己的优势
- ▲ 爱与喜欢之间

▼ 正式开始“扫描”之前的话

在开始写作本书之前，我发扬自己一贯的“小强”精神，对生涯发展和相关图书做了大量的调查。连续一个月挑灯夜战，每天熬到凌晨3点多，这让我媳妇对我意见很大。一番忙碌的成果就是，重新翻阅和研究了几乎所有我能找到的关于生涯发展的书籍和资料。

我发现，大多数畅销书，尤其是职场类和励志类图书，写得都不错，对心灵的灌溉很有营养，但是总觉得可操作性上有些欠缺。因此我想写一些与众不同的东西出来，写一些可以让读者能够快速上手操作的东西。

在本书中，我不会涉及到任何关于办公室政治之类的话题，也不会让你每天对自己说：“我是最棒的！”让我们更加专注一些！我的目标是想让你一边翻书，一边就能把自己的行动计划罗列出来，到你合上书本的时候，希望能有一个可以执行的生涯规划方案。

就好像我给了你一把锤子，生涯发展过程中的迷茫和困惑就是钉子，阅读完本书之后，你能挥舞着这把锤子，把那些碍眼的钉子统统敲平。

还有一点需要说明，我不是职业作家，我是个注重实际效果的教练，而且除此之外还有自己的公司。也就是说，很多时候我还是个“标准”的商人。有人称呼我老师，那是给我面子，在此一并感谢了。

如果你指望在书中看到一堆堆如赞美诗般华丽的词语和优美的修辞，怕是要让你失望了。相反，我喜欢用短句和浅显易懂的语言，给你最具操作性的建议，这期间更多的是“你”和“我”之间的对话。

我相信，如果把语言看作表达思想符号的工具，那么它设计得越简单，安装得越精细，工作效率就越高。

另外，作为一项特别的要求，我希望你能登录这个网站：www.xmind.net，对！就是现在，下载这个思维导图工具，并且安装到你的电脑上（这家公司的全体员工都应该感谢我免费为他们做推广）。在阅读的某些关键时刻，我会提醒你运用它去学习本书，并且即刻制定出你的行动方案。

下面是这个思维导图的欢迎界面——

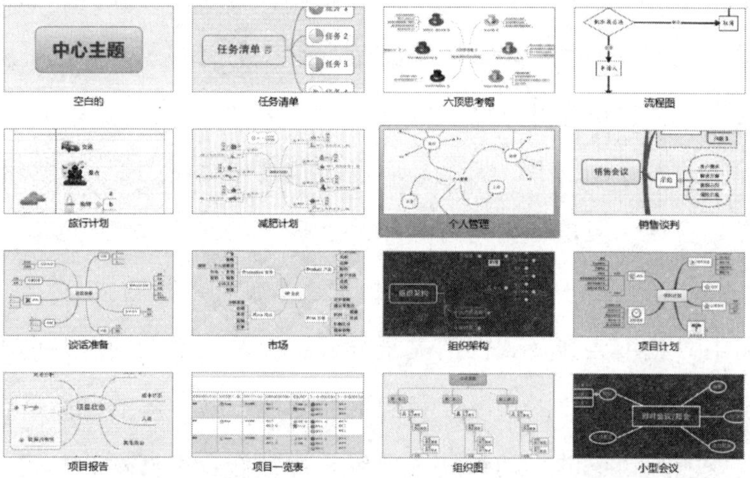

思维导图模板，你可以在导图的欢迎界面选择你喜欢的模版

P.S. 你这样做了吗？如果是的话，那么就继续吧。不要停留在这里，下面的内容才是真正产生魔力的东西……

▼ 一封发人深省的邮件

很多人毕业的时候，大都经历了以下过程：

制作简历→投递简历→接受面试→进入工作

……开始生涯发展奋斗

这个过程可能没有想像中的那么漫长和艰难，因为大家“需要一份工作”。所以走完这些步骤之后，极有可能，大家不假思索地接受了第一个愿意雇佣自己的公司，同时公司的待遇也勉强可以接受。

也就是说，自己人生中的第一份工作就这样尘埃落定了，只因为“需要一份工作”先做着。至于以后的事情，以后再说！

持这种心态的大有人在。

没错，这就是祸根。一句“以后再说”，可能你就再也回不去了。据调查，这批人很快就会跳槽，然后接着不停地跳槽、求职。最后，他们要么彻底凌乱了，要么勉强安顿下来，接受一份自己并不是十分满意的工作，因为年龄大了，折腾不起了。

这跟他们最初的梦想差了何止十万八千里！但是很遗憾，这就是现实，而且大多数人都在无奈中接受了这个现实。有的甚至更糟糕……

让我们来看一位年近 40 岁的朋友发来的一封邮件吧。为了把这件事情的严重程度说明白，我不得不占用一些版面，原谅我吧！

原文如下。

刘老师您好！我是 1974 年生人，自从踏入社会，感觉自己的道路总是不理想，很失败！中间多次想要咨询，都因为各种原因没有行动。今天又到了一个人生转折点。在谷歌上搜索到您在天涯发的帖子，看到您是刚刚注册的。达者为师，我特意向您请教，希望您能指点迷津！

1996 年至 2001 年，我在一家合资企业工作了 6 年，做生产一线工人。

在那里，我每天想着自己就像机器人一样重复简单的体力劳动，这不是我应该有的价值。我不想在日资厂被人剥削，如果一辈子这样，多么可悲！那不是我喜欢的工作，这期间我做了两件有益的事情。

一是利用业余时间完成了大专夜大。那时计算机刚刚兴起，我算是最早接触计算机的一批人。当时我感觉这是一个新的行业，将来必有大的发展。

二是 2000 年至 2001 年被选去日本进修（本质是劳务输出）。在日本，我白天在生产线工作，夜晚自学日语。但是学习成效不大，因为我们住的地方并没有日本人，一下班他们就回家了。

2001 年回国后，我不愿再签 5 年工作合同，毅然支付了 2 万元违约金离职了。2002 年我去了上海，那时我已经 28 岁。

到上海后，第一件事情就是想搞明白互联网怎么赚钱，于是应聘去了一家互联网广告公司。由于自己性格的原因，我的销售业绩很差，被新上任需要烧“三把火”的经理辞退，因此深受打击。

到 2004 年为止，应聘的也都是互联网广告公司，但是业绩都一般。其中一家我做了半年主动离职，因为感觉不到自己的价值。老板想要挽留我，但是我毅然离开了。在这家公司，我总觉得看不到奋斗的希望。

在这期间，由于对这一行业的了解，我帮弟弟拿到了雅虎公司的广告代理。弟弟 2004 年成立新公司，我去了他的公司，但是后期公司和其他公司合并，由于经营理念不同，弟弟想让对方退出公司的管理团队，最终反而导致弟弟被迫离开（只拿分红）。

我呢，年龄已经 30 岁了，此时越发着急。新合并的公司待着也没意思，因此我也离职了。这时我觉得自己依然什么都没有，没有一分钱存款，事业一片迷茫。

2006 年，自己的婚姻感情遇到挫折。2006 至 2008 年我沉迷网游玩了过去（现任妻子在那两年默默给了我最温柔的爱，现在看来我是多么的没有担当）。转眼就到了34岁，好可怕的年龄呀！找工作也不知道该做什么（这个年龄没有技术，工作很不好找，干销售又不自信）。

那时，对于互联网的飞速发展，我只预测到开始，却没有付诸行动。淘宝的出世，我依然关注，但没有发觉当时在淘宝开店是多么好的机会，依然错过！2008年与现任妻子结婚，婚后经岳父介绍，去了一家锂电池工厂做采购，固定工资2500元。

由于是经人介绍，外加自己的职业道德和做人原则，做采购时我没有收受一分钱。我很不喜欢这家企业的官僚气氛，一个采购单竟然要盖17个章。企业还故意拖欠供应商的货款，自己都看不下去，有些拖欠的货款都是5年前的。我实在是不喜欢，也不适应这种企业管理氛围，更不知道自己的位置和发展方向在哪里。由于年龄较大，和同组的采购员在一起工作感觉很怪异。外加现实原因——妻子也因找不到合适的工作在家闲着，经济收入靠我一个人实在拮据。岳母经常批评妻子，批评得她总是流眼泪（她的性格是文弱型）。

一年后，我们来到深圳，进入弟弟做整体厨房代理的公司。妻子被安排做财务，我做销售，两人合起来一个月也就5000多元的收入，在深圳生活依然拮据。对于这个年龄来说，我心中很着急，不知道未来会怎样！

期间自己付费（因为弟弟不肯用公司的钱培训）去工厂学习了橱柜设计，但是由于不自信，讨厌那种无时无刻被客户电话吵闹的感觉（一听电话就心跳，都快得心脏病了），设计错了还不够自己赔的。学习了一个月，拿到结业证回公司做了不到三个月，因为妻子身体原因要去上海做手术，为了不再奔波，我们在2011年回到合肥，这也是岳父所希望的。

回来后依然两手空空，妻子的手术费也由岳父代为垫付。转眼自己竟然快40岁了！每每想到这些，我都很着急，却又好像没有办法：我到底是怎么过来的！

回来后，老家卖掉了一套房子，自己分到20万元钱。想起在深圳时，有家饰品店生意很好，妻子也总去那里逛，于是也想在合肥开一家，向岳父询问合肥好一点的门店地址。后来选了一个地方，岳父说那里没有问题。当时那里正在修路，一个月后修好。了解完这些情况后，我毅然租了下来，月租金1万元。

但是哪里想到合肥本地的年轻人和深圳等沿海地区的消费理念相差很大。道路刚修好，政府竟然又要在那里建地铁，把道路全封了。还好我软磨硬泡提前和房东解约，不算违约。但是除去每月租金，开店根本没赚钱，总体算下来还赔了。

就这样不到一年，20万元全亏了。到2012年，自己又变得一无所有。没有办法，我只好找了份宽带安装维修工作，一个月收入只有1100元，连家里的水电煤气费都不够。而且单位还把我分派到室外难度最大、大家最不愿去的地方做活儿，夏天在梯子上作业，差点儿中暑。客户的不理解，自己的郁闷，加上妻子也不建议我做这份工作，害怕我出事，于是只做了5个月，当年7月份提出辞职。

以上就是我这么多年的工作生活情况，总之连自己都感觉一事无成。除了结婚前曾按照自己的计划读夜大，1998年想去北京，但因为当时的妻子不同意而没有去成，结果在日本合资工厂一做就是6年，出来就28岁了！2008年离婚后，娶了现在的妻子，我们感情很好，但是也许被多年的打击搞得不自信了，做什么都觉得看不到未来，很多工作也不是自己喜欢的。

现在自己没赚到钱，在亲戚和岳父岳母眼中的评价是：就是老实人，但不能赚钱！自己的父母依然在老家，弟弟在深圳，我很着急、焦虑。我从小的愿望就是一家人其乐融融地住在一起，现实却是父母老了，弟弟在深圳，我在合肥，全家都不在一起。

我经常提起，希望父母能搬到合肥或者深圳居住，但是不论弟弟还是我，都无法帮父母买房子。他们的年龄越来越大，我们不在跟前很担心。昨天我还提议父母把自己的房子卖掉，搬到惠州或者合肥，惠州离弟弟近。我也总觉得住在岳父母身边很别扭，到时也想搬过去。现在我如果重新找工作或做生意的话，在合肥还是在惠州，对我来说没有什么不同。刘老师你认为呢？

妻子和我一直想做生意赚钱，但是都很迷茫，不知道该做什么。我感觉自己对不起父母和妻子。

这种情况该怎么办？我好怕人生就这样过去，没有自己的事业……

希望得到您的指点，谢谢！

迷茫多年的人：×××

实际上，我几乎每天都会收到至少20封这个年龄段的人们来信。也就是说，每天我都会被折磨几十次。我真心希望他们能回到刚出发的时候，然后我们坐下来好好谈谈。如果真是那样，也许现在他们40岁的时候，发给我的就是一些让我开心的邮件了。

现在，大家来思考一下，当你看完这封邮件的时候，你是什么感觉？

同时，这里也不能忘了提醒你：就在此刻，时间没有被黑洞吸走。它正带着你的青春，一去不回头地向前急奔！你能感觉到吗？

所以，依然年轻的你，让我们坐下来好好谈谈。

在你踏入这个社会的开始，在你决定投入一份工作之前，你要好好想想，你的优势是什么？你到底适合做什么？你到底该怎么去做？怎样才能绕过生涯发展的弯路与陷阱，直达梦想的彼岸？而不是任由时光蹉跎浑然不觉，或者一旦醒悟，却感觉无可奈何。

如果你已经工作了，但对工作不太满意，那么你现在就应该找个安静的角落坐下来，认真思考一下这些问题。迟到总比不来好！

这些问题看似简单，但是很少有人能够静下心来，走到自己的内心深处去寻找答案。因为我们面对的世界太过于嘈杂了，总是有各种各样的原因把你带到原本不想去的地方，就这样，我们浪费了一次次的机会。站在每一个转折点上，我们都不知道自己应该去向何方。

其实，最终的答案，最真实的答案，一直都在你的心里。无论你现在处于人生的哪个阶段，只要是感到迷茫了，困惑了，你都应该到你内心深处去寻找这个答案。只有这样，只有找到真真正正的自己，你才不会走着走着迷路了。

亲爱的读者，当初我也经历过这样的痛苦和挣扎，我深深地了解那份茫然和无助。我真诚地希望能帮到你，将你带离这种境况，踏上人生美满的旅途。

▼ 为什么要首先找到你的优势

我想大家大概都听说过木桶理论。这个理论告诉我们，木桶上那块最短的板子，决定木桶能盛多少水。没错，这是任何人都无法否认的事实。但是有一个问题，你不能单纯地把它与人做比较，毕竟那只是个木桶，人又不是一堆木片围成的。

设想一下——

患有白化病的侏儒渴望去打职业篮球赛，而且有像安东尼·罗宾、陈安之、徐鹤宁这些想法乐观的传道者鼓励他：“乐观一点，伙计！”他们要求他每天早上起来对着镜子大吼：“我是最棒的！”“先天不足算什么？不要错过机会！”“永不放弃！”“我能做到，欧也！”……

在这些鼓励下，这个人开始每天练习十几个小时投篮，数十年如一日，幻想着能打职业篮球，与易建联一决高下！你觉得结果会是什么？大概不用我明说了吧。

请原谅，我无意冒犯身体有缺陷的人。但假如你是那个身高仅有不到 1 米的人，你绝不会想到去打篮球。也许我会建议你做个励志演说家，或者去影视圈做个特型演员，说不定你还能大大出名，就像《封神榜》里的土行孙那样。

你知道，不管我举的这个例子有多荒谬，在这里，我只想严肃地说明一点：在生涯发展方面，你应该找到自己的优势，这是你茁壮成长的“根源”。如果你执意在自己的短板上苦斗，费尽心思将方木塞进圆孔，结果就是——事倍功半，要么平庸度日，要么更惨！

P.S. 只有找到你的优势，在你最强的方面发力，你才能取得最大的进步。千万不要学习那些把自己弄成方木，还硬要往圆孔里面钻的人。

▼ 如何一步一步锁定自己的优势

首先来看优势的三大构成元素：天赋、技能、知识。下面会对每一个元素进行具体分析，然后引导大家有针对性地挖掘出自己在每个元素中的优势，最后进行综合判断。

首先是天赋。

人都有自己的爱好，比如说我，喜欢看书、写作、演讲、旅游，喜欢做与创新和挑战有关的事情。也有很多人喜欢排球、高尔夫、篮球、收藏、聊天等。

我不知道你的爱好是什么，但我猜你可能很少想过兴趣从何而来？

兴趣到底从何而来呢？其实兴趣的背后，隐藏的是你的天赋。天赋是与生俱来的能力，是内在的智力倾向。你的这种天赋，会引导你对某些事情产生兴趣。

成功的关键是发挥优势，也就是我常说的，从成功走向成功。从这里可以看出，你的优势就是你的第一个成功，它决定了一个人可能表现优秀和卓越的领域。一个人经过努力可以做到“很好”，但如果不是自己的天赋领域，就很难做到“卓越”。

一个人的内在天赋有八种智能表现。

第一，语言／言语智能：用文字思考，用语言表达及欣赏语言深层内涵的能力。

第二，数理／逻辑智能：进行复杂计算，辨认和处理抽象概念和关系，进行演绎和归纳推理的能力。

第三，视觉／空间智能：在大脑中形成一个外部空间世界的模式，并能够运用和操作这些模式的能力。

第四，音乐／节奏智能：区分、记忆和感受音调、旋律和节奏的能力。

第五，身体／运动智能：能够巧妙地操纵物体、制造产品和协调身体运动的能力。

第六，自我反省智能：善于制定计划，达成目标，构建正确的自我知觉，理解自己的情感、目的和愿望的能力。

第七，人际交往智能：理解他人的动机和行为，发现其他个体间的差异，与他人和睦相处及有效地与他人共事的能力。

第八，自然观察智能：对自然界的各种物体加以区分，识别动植物的能力，并且能在诸如打猎、农耕、航海等活动中有效地运用这种能力。

每个正常人都同时拥有这八种智能，然而大多数人都只能在一两种智能上有出色表现。比如说，可能你具有数理／逻辑智能，那么你很可能成为优秀的数学家，但你的语言表达能力一般。

选择受制于我们的天赋，但很少有人能明显感知到自己所具备的天赋，并把它明确下来。

事实上，很多人都纠结于此，迷茫，困惑，不知道自己该干什么，能干什么，真正适合干什么。这就需要我们去发掘和强化，先从内在感知自己。

那么到底该如何发掘你的天赋？有没有有效的方法？

当然有。请仔细阅读以下步骤。

你已经了解了八大个人智能，首先我得提醒你，天赋源于你的内在觉醒。

每个人都是一个独立的个体，擅长的领域都不同，这些东西别人是不了解的，只有你自己通过一定的方法去挖掘。同样的，天赋也有不同的表现形式。

下面需要启动你的大脑搜索引擎，去将自己内在的天赋感知出来。

第一步，回忆一下，你在做什么事情的时候，别人可能觉得比较困难，而在你看来甚至不用进行仔细思考就能轻松完成，几乎是依靠一种本能轻松完成。

第二步，思考自己过去做过的最成功的一些事情，对这些事情进行记录和整理，对照上面的八大智能，看看你运用了其中的哪些。

第三步，对以上结果进行总结和分析，并让你的父母、朋友或老师帮助你进行分析（借用外脑），明确你所拥有的各种能力（智能的表现形式），然后记录下来。进一步探讨自己是如何获得这些能力的，找到其中的共同之处，这就是你的天赋所在。

第四步，初步判断一下，记住，仅仅是初步，判断一下自己所具备的能力（有可能是多种能力或多种能力的组合）适合何种职业，或者适合做什么，在哪个细分领域成功的可能性最大。你可以展开想像，不要受限于你所学的知识和技能，也不要被过去的经验所限制。

最后一步，亲身体验。如果你实在没有什么感觉（很少人如此），那么就投入寻找。只要你感觉可能有兴趣，就先去做，去尝试，由新奇感到有意识地深入分析，由模糊到清晰，最终挖掘出兴趣或爱好背后的天赋。正所谓实践出真知，从这个角度来说，想像力再好，都不如亲身体验来得直接、真实。

另外还有两种构成你自身优势的元素——技能和知识。

技能和知识是一个人后天发展出来的优势，也就是你后天习得的优势。技能是指你掌握某件事情的操作步骤。例如，你知道制作网站的步骤，或者为客户提供咨询服务的步骤。而知识是你对这个技能了解的深度和广度。例如，你知道如何做一个营销型网站，而不是普通的展示型网站；你能为客户提供让他极为满意的软件售后咨询服务，只要遇到某些问题，他们就会第一时间想到你。

想想看，别人通常在碰到什么问题的时候会咨询你？或者你看到别人碰到什么困难的时候会忍不住帮他分析解决？你要抓住这个“小火苗”，然后清晰地定义出你的技能和知识范畴，以便后面放一把“大火”。

将天赋、技能和知识组合在一起，就构成了你现在最基本的个人优势。这是你现在拥有的东西，而且是累积了很多年的结果。

让我们继续深入。

通过分析，你已经知道哪些元素是后天可以学习到的，哪些不是。你还知道哪些元素是通用的（你的天赋），哪些要根据实际情况确定（知识和技能）。但知道这些还不够，你还要继续在日常生活中去探索。

在整个探索过程中，你还要区分兴趣和真正天赋的差异。很多东西我们都会感兴趣，但有可能那只是业余爱好。只有那些既让你感到有强烈兴趣，又是你强项的才能，才会引导你真正走向未来的事业。

下一节将重点与你分享这中间的巨大差别。

▼ 爱与喜欢之间

要尽可能早地理解爱与喜欢之间的差别。喜欢可能仅仅是停留在兴趣上面，这个喜欢能给你带来喜悦或者某种乐趣，你关注的是从这个兴趣里面得到了什么。而爱则不同，爱是一种付出，甚至是一种不计成本的投入，是对过程感兴趣。就好比我做咨询辅导，很多时候为了给学员研判出一个行动步骤，我可能会思考到深夜，甚至凌晨，但是我并不感觉辛苦。相反，我乐在其中，觉得挺有意思。

爱的具体表现就是，如果一件事情，别人觉得很乏味，你却兴致十足，你愿意不断重复，去让它更完美，并且享受这个过程，愿意承受过程中带来的痛苦，这就是真正的爱。

想想你爱上一个人的心情吧，就是类似这种感觉。有时候这种经历不总是快乐的，但是你却依然欲罢不能。正是这种感觉，才会真正导向你应该做的事业。这是你愿意为之付出努力，深入研究，使之成为你的专业强项，甚至使你成为该领域主导者的基石。

为了让你理解得更加深刻，我再花点时间为你解析一下。

爱，其实是一种感情的寄托。也就是说，你在做一件事情的时候，对它非常有感情，你甚至愿意为了做这件事情整晚整晚不睡觉。每天你都愿意花点时间在这上面，不管是思考也好，实践也好。同样，你也为这件事情感到自豪。它对你的影响远远大于你的专业（如果正是你的专业，那就太棒了）。

说得再直白一点就是，你选准了一件事情，你想要用你的余生去做这件事情。哪怕你最后没赚到什么大钱，你也要去做。这时候，你就找到了事业的种子，这是最令人振奋的。

这需要你在每一件大小事情中去感觉，感觉你做什么事情的时候会很充实、高效，在做什么事情之前会对此事充满期待，而且在做事的过程中你非常专注，做完之后也很有成就感。记住，是你的心在感觉，它是一种莫名的冲动，无法用语言形容，类似一种信仰。

俗话说，鞋子合不合脚，只有自己穿着才知道。因此不要欺骗自己，要真实不虚。你的工作将填满你的一大块人生，获得真正满足并取得卓越成绩的唯一方法，就是做你爱做的工作或事情。如果还没找到这件事情，你一定要去寻找，不要凑合。要继续找，别放弃，别停顿。尽你的全心全力，你一定会找到。事情会随着你的坚持越来越好！

上面我为大家提供了挖掘优势的方法和策略。如果你能安静下来，深入自己的内心，把你的优势清晰地定义并描述出来，通过快速的实践和思考，最终确定这个优势或者说内心深处最渴望的事情，那么下面就要为你的优势找到落脚的地方。这是下一章要具体探讨的话题。

第三章

聚能环之二：定位聚焦

忘记是哪位高人说过：有了目标，就没有遥远的路。假如你不能明确自己的目标，即使你输入了导航，也一样到不了你想去的地方。如果你不知道要到哪儿去，通常你哪儿也去不了。

- ▲ 寻找人生目标的终极法门
- ▲ 定位第一，行动第二
- ▲ 找出你的优势定位
- ▲ 龙卷风来了，猪都会飞
- ▲ 聚焦行业选择的四大窍门
- ▲ 选择职业的秘方
- ▲ “择业利基”——人生的大金矿
- ▲ 如何知道你的目标企业到底想要什么
- ▲ 生涯发展中最重要的“关键词”
- ▲ 立竿见影的求职信模板

▼ 寻找人生目标的终极法门

忘记是哪位高人说过：有了目标，就没有遥远的路。经历过这么多之后，细细品味一下，这句话的启发意义就如同在我的脑袋里爆炸了一颗原子弹，其效果绝对不仅仅是震撼。因此，在开始定位聚焦的话题之前，我要先带你去寻找到人生的目标，这也许是你从未深入思考过的最重要的一件事情。

人这一辈子，必须设定目标。人生，一是目标，二是时限。如果不能明确自己的目标，即使你输入了导航，也一样到不了你想去的地方。如果不知道你要到哪儿去，通常你哪儿也去不了。

还有就是时限。30岁成功和50岁成功，这中间差了20年呢。这20年的时光，决定了你人生的幸福指数。所以，成功要趁早！

事实上，我们本可以朝着目标径直走去，去获得我们想要得到的，但我们没有这样做。在前进的路上，一些东西令我们迷茫和困惑，很多人和事转移了我们的注意力，以至于没能及时采取行动。

在我们意识到之前，我们就已经变成了自己不想做的那种人，做着自己不想做的事情，偏离了原来预订的轨道。我们惊恐地发现，自己不知道以后会怎样，目标在哪里，方向在哪里……这个时候，无论你有多么强大，你都不会有太多的安全感。

很可笑的是，这一切的根本原因并不是我们学习的知识不够多，或者工作不够努力，仅仅是因为一开始，我们没有明确我们的伟大目标。或者可以这么说，当我们兴高采烈地划着人生的小船驶向大海时，一不小心忘了看看远处的灯塔。

我真心希望所有阅读本书的人，都能尽量避免这种“一不小心”。如果你长期以来总是“一不小心”忘了回复一个重要的电话，“一不小心”将涂着厚厚巧克力的奶油雪糕滴在裤子上，“一不小心”忘了关水龙头，导致家里水漫金山，那么，很难说哪一天在时速200公里的高速公路上，“一不小心”会……

你一定要小心，小心拿捏你在关键时刻的决定。在关键时刻，任何一个细小的闪失或者思想跳跃，都将在未来无限放大。其中一个“关键时刻”就是你在开始时设定的目标。对于制定目标，你不能马虎，也不要逃避，因为思考是人类一直以来都在极力逃避的艰苦劳动。你不但要小心思考，更要花大量时间艰苦思考，而且不要指望任何人代替你思考。

下面我将分享这个寻找人生目标的终极法门，希望你能小心思考，认真思考。

这里用一种最直接、最有效的方法，来解决那些励志和成功学文章的一个通病，就是一直鼓励你“做自己最想做的事”，却从不告诉年轻迷茫的你怎么去找到它。你不可能在脖子上挂一张画在纸上的大饼，然后成功穿越撒哈拉大沙漠。

我要说的这个方法，在我认识的许多人身上尝试并成功过，包括我自己。它不是我创造出来的，国内也很少有人用这样的方法，但它确实有效果。如果你愿意尝试，愿意按照要求去做，你就可以在一个小时内找到你人生的伟大目标。

OK，我们开始吧！

首先，从你忙碌的生活中找出一个小时完全空闲的时间，关掉手机、QQ，关上门，切断与外界的一切联系。这一个小时只属于你，其他任何事情都是空气。你要注意，这可能是你人生中最重要的一个小时，你的生命可能因为这一个小时变得完全不同。如果只花一个小时的时间就能找到你的人生目标，这绝对超值，不是吗？

然后，把我让你下载的思维导图软件打开。如果你不会用，简单学习一下即可。网上有很多简化教程，软件里面也有自带的使用方法。总之，我不认为这是个问题。

在最中央的空格内，写下一句话：我这辈子活着是为了什么？然后建立多个导图分支。

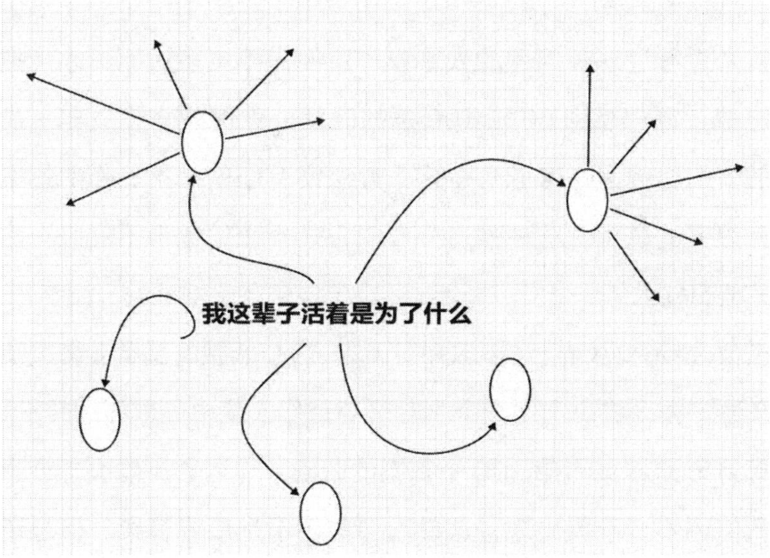

寻找人生目标示范导图

接下来你要做的，就是回答这个问题。

把你脑海中闪过的每一个想法，都立即写在分支框内，任何想法都可以，而且可以只是几个字。比如说“赚很多钱”、“照顾父母”、“买一大堆好看的衣服”、“让孩子读名牌高校”等。

不断重复这一步，写在一个又一个分支框内，直到你哭出来为止。是的，就是这么简单。

尽管这个方法看上去很傻很天真，但它是有效的。如果你想找到人生目标，你就必须先剔除脑海中所有那些“伪装的答案”。通常你需要20分钟左右的时间，去剔除那些受外界和主流社会思维影响而得出的答案。所有这些伪装的答案，都来自你的大脑、思维、记忆以及环境对你的控制。

真正的答案出现时，你会感觉到它来自你的内心最深处。你的内心有一股小小的力量，驱使着你去做些什么。

当你完成了上面的动作后，这股被压抑了很久的冲动，就会清晰地展现在你面前。

对于从未思考过这类问题的人来说，可能需要更多时间，才能把脑子里的那些杂物除掉。在你写到50～100条的时候，你可能会想放弃，或者找个借口去做别的事情，因为你可能觉得这个方法没有任何效果。你的答案很杂乱，也完全没有想哭的感觉。这种强迫思考的方式会让你觉得不舒服，你有可能极不耐烦，甚至想骂人。

这很正常，请不要放弃。坚持想并写下去，这个抵触的感觉会慢慢消失。记住，是否能够坚持下去，将决定这一个小时是否是你人生中最重要的转折点。

当你写到第100或者第200个答案的时候，你内心可能突然会有一阵情感上的涌动，但还不至于哭出来，这说明那些还不是最终答案。但是请把这些答案标注出来。

在接下来写答案的过程中，你可以回顾这些答案，它们会帮助你找到最终答案，因为最终答案可能会是几个答案的排列组合或者升级。无论如何，最终答案一定会让你泪流满面，让你情感上不能自制甚至崩溃。

此外，如果你一开始不相信这辈子活着有什么目的，你可以写下“活着到底是为了什么”。没关系，只要你愿意坚持想和写下去，你就会找到让你哭出来的答案。

在这个过程中，你可以偶尔休息几分钟，让你的思路重新激活。

我想告诉你的是，这个过程其实不是那么容易，因为你要真正面对自己。

如果你已经习惯了逃避，那么这一次你一定要挺住。经过我的一次次验证，这个方法科学有效，只因为它提炼出了关键的原理。而且你的最终答案一定会是一个比较长的句子，或者是几个句子的组合。

这个答案在外人看来一定非常空洞，就像那种“谁都知道，但是只有少数人能真正理解的大道理”。但这几句空洞的话对你却有非常丰富的意义，因为这是你用了至少一个小时的时间和精力整理出来的，是你对过去所有经历的思考、判断、剔除、整合、沉淀，最终才领悟出来的。就好像孙悟空在八卦炉里煅烧之后再跳出来，你的眼睛也会炯炯有神。

你会发现这个答案让你早晨醒来想也不想就冲下床，去做你想要做的事情，而不再是从前那种迷茫困惑的状态。恭喜，你已经摆脱了闭着眼睛走路的窘境！

现在，你认识到了自己的优势所在，并且通过一个小时的深刻领悟，找出了自己人生的目标和意义。下面的工作需要你根据得到的所有答案去匹配自己，看看以你的优势，适合在什么行业、什么职位上达成你希望的目标。无论你现在正在做什么，大胆尝试这种组合和可能，别限制自己的冲动和想像。

也许你的这个选择只是你到达目的地的一个驿站，也许你要通过开创自己的事业来完成你的目标。没有关系，只要你的目的地是正确的，你就可以启程了。

另外，我还要提醒你，知道自己擅长做什么很重要，同样，知道自己不擅长做什么同样重要。为了找到更好的行动方案，我们必须限制自己关注的焦点数量，因为能量总是在集中的时候才会大大增强。我们每个人都像一台电脑，如果你打开太多的窗口，那么你的电脑就会运行得非常缓慢，甚至卡死或系统崩溃。

▼ 定位第一，行动第二

在你真正投入行动前，“定位”是最重要的，甚至可以说是首要因素。因为一份好的事业，不仅仅包含报酬和福利待遇。

有时候，如果你要价太低，人们就不会重视你提供的服务。

如果一位医疗按摩师的正常收费标准是20元/小时，那么，你或许会欣赏他的低价格，但是你很可能会拒绝他为你服务。因为你会想，他的价格这么低，技术水平、卫生条件和服务质量肯定不够好。

另一方面，如果他一小时收你300元，你反而可能会接受他的服务，因为你会觉得他的价格高是由于他做得好。你肯定希望最好的医疗师为你服务。

我们都知道苹果手机，很多人以拥有一部苹果手机为骄傲，吃饭的时候放在桌子上让别人看到，就感觉自己顿时神气了不少。当然，我并不否认苹果手机是这个时代最伟大的产品之一，正如乔布斯说的那样：苹果公司重塑了手机！但话又说回来，那台机器真的值那个价钱吗？苹果公司的产品真的就比那些在价格上只有它1/3的其他产品好很多吗？

在很多人眼里是这样的，特别是“果粉”们。我不想在这里讨论苹果产品的质量，我们要搞清楚人们为什么对其如此疯狂。

产品的超高价格，是人们购买苹果产品的一个原因。当人们举着苹果手机打电话时，那个被啃了一口的商标在对着他们的朋友大叫：“看我！看我买这东西花了多少钱！”

这些人想要的是一种身份，这是苹果品牌的定位。

通过产品发布会，苹果公司对产品的价值进行强力塑造，从而明确地告诉人们“这与你有什么关系”，为什么你必须拥有一部苹果手机，而不是其他手机。

不得不说，这是一家伟大的公司，它对产品和市场的理解重塑了这个领域的标准。如果你有时间，可以去网上看看苹果产品的发布会，从中可以学到很多东西。

宝马、奔驰、劳斯莱斯等品牌也是一样。这些都是世界名车，价格不菲，每个人都会因为拥有一部这样的车而自我感觉良好（我也不例外）。

但是如果它们的产品销售经理告诉你，这些车都是由一些铁皮、塑料和油漆混合而成的，里面还有一台每月吸走你大笔现金的12缸油老虎，而且一旦刮蹭，修理费也很可观……啊！我猜很多人就会变得犹豫不决。

现实是，与竞争者相比，根本的问题不是价格，而是产品在人们头脑中的位置。

这与你有什么关系？

关系很大！因为你是这个世界上最精密、最不可思议的产品。如果你给自己定位不当，营销手法拙劣，你将会沦落为三流之外的产品。人们永远不会给你太多的关注和重视，你将在最底层与大批的菜鸟展开竞争，日子过得非常累。

因此，在开始对自己进行营销之前，你必须明确你的“定位”。

▼ 找出你的优势定位

是什么让你与众不同？你的口才，还是你的技术？

是什么使你不同于你的竞争对手？

我们一直都在强调“独特的销售主张”这一概念。但是我发现很少有人在应聘的时候，可以用50字以内的精炼语言告诉我，为什么要选择你而不是其他人。

当谢尔盖·布林和拉里·佩奇走进红杉资本公司的大楼，为他们即将颠覆世界的搜索引擎技术寻找投资的时候，他们只用了一句话进行描述：“谷歌一键通世界！”就是这句话，使投资者一下子就明白了谷歌的技术意味着什么。

要一目了然，清清楚楚地告诉别人你是干什么的。

在本书的前面部分，我已经让你做过这件事情了。也许使你不同的是，你是北京大学光华管理学院的高材生，或者你是一目十行的记忆超人，或者你的专业性很强，或者你的涉猎面很广。再或者你是很有“经验”的人，或者你年轻并充满活力。你表现出来的样子，让人觉得团队有了你，就犹如注入了一剂强心针。

你觉得呢？你如何给自己定位？这句话说通俗一点就是，你如何看待自己的价值，以及你打算给别人留下什么印象？

我的定位就是：具备直效营销和强力文案撰写功底的——生涯发展教练。我关注青年生涯发展，致力于让更多青年人得到真正可以用于实战的生涯发展辅导，并提供他们最需要且很难获取的技能知识，以用于职场发展和创业，尽早取得成功，大大提高幸福指数。

我的一句广告语是：揭露最实战、最直接快速的生涯发展秘诀！

你会发现，我网站上的“赢家谍报”专栏以及公众微信账号（LYJLQT）中发布的内容，都是最直接、最真实、最有助于个人发展的策略、方法和技能。

无论我们做什么，首先必须给自己一个很好的定位。定位必须与其他人有所不同，体现“独特性”，而且要符合市场需求。

如果我定位成职业规划师，那将会和国内很多其他老师一起竞争，结果将是毫无希望的，就像是试图与可口和百事竞争的其他碳酸饮料品牌一样。必须要以完全不同的方式来颠覆它们，一开始，就要独辟蹊径。要知道，未来的竞争绝对不是简单的同行竞争，而是跨界混搭穿越竞争。

然而，很多人都在自己不可能获得优势的地方投入很多。某碳酸饮料品牌曾经投入很大一笔资金做了一则广告，但它是绝对不会超过可口可乐和百事可乐的，至少在我们的有生之年是这样。

即便是百事可乐与可口可乐之间，也是存在差异的。百事可乐从来没有说和可口可乐一样。百事可乐给自己的定位是“不甜腻”，有一个“更清洁，更爽口”的感觉。“选择70后民众品尝测试的结果”以及“一个属于年轻一代的产品”，这是该公司的口号。事实上，他们也是这么做的。但凡读过大学的人，都会对百事歌手大赛、百事三人制篮球赛、百事足球挑战赛有很深的印象，但是没人听说过“可口可乐歌手大赛”之类的活动。

你必须想出或者做出与你的竞争对手不同的事情来，这样才能为你带来关注与机会。当然了，你的定位必须符合市场需求，必须与众不同。如果你想成为一名缝纫机操作专家，你就等着饿肚子吧。

P.S. 再次提醒，在行动之前，一定要明确自己的定位！你要在哪个领域发力？最终做一个怎样的人？人们提起你的时候，首先会想到什么？你要把自己的定位强力注入到他人的大脑中，在他人的思想意识里深深地烙上你的印记。只有这样，你才真正开始变得有价值了。

▼ 龙卷风来了，猪都会飞

龙卷风是什么？是行业趋势，是有前途的市场，是未来的机会和充满希望的人类需求，我称之为“行业势能”。行业趋势决定了你未来能走多远，飞多高。至于说到猪，这仅是个比喻，与你无关。

我们周围有很多努力工作的人，他们每天工作十几个小时，一个人孤零零地加班到深夜，搞不好还累得吐一口鲜血出来。他们相信依靠自己的努力和能力，终有一天能够出头。

但事实真的如此吗？很显然不是。甚至无须解释，你就能得出这个答案。

那么我们应该怎么做才能付出就有回报？

首先，我们来探讨一个前提。每个人都不是一个孤立的个体，你的生存会受到大环境的很大影响。这很好理解，比如生活在不同的历史时期，个人的命运会完全不同。假如时光退回到唐朝，估计有一大批人就要失业了，首当其冲的就是我们这些在网络上开展生意的人。因为在那时，互联网行业压根儿就不存在（再次感谢我们所处的这个时代）。也就是说，有了行业，才有你正在做的职业，是行业决定职业。

那什么是行业？

行业是依附于大众社会生活的具体需要而产生的。如教育培训行业是为满足人们对知识的吸取和社会传播需求，旅游行业是为满足人们的消遣体验等需求，还有诸如房地产、传媒、金融、IT 等，都是实实在在的社会需求内容。每个行业都是由 N 多同类企业构成的。

归根结底，行业是建立在以需求为导向的利基市场上的。如果没有形成足够的需求，就不会产生以满足人们需求为目的的各行各业。

这就要求我们在选择行业的时候，要深入研究人们现在以及未来的需求。有需求，有强烈的需求，行业的发展才会有更广阔的空间和动力。

什么是职业?

职业是就所从事工作的相同性而言的。比如销售，无论是房地产，还是金融、IT 等行业，都会有销售这个职业方向。虽然大家销售的东西不同，但形式是差不多的，都是将产品卖给有需要的人。

然后你就明白什么是职业定位了。通俗一点讲，职业定位就是你打算在什么行业，从事什么职业。前面讲的个人定位与这个职业定位有紧密的联系，个人定位要与职业定位捆绑。依据我的经验来看，能明明白白讲清楚这一点的青年人，特别是高校毕业生，真是少得可怜。

你可能觉得有点不可思议，但这就是事实，否则也不会有那么多人迷茫困惑了。

问题来了！到底是先确定行业，还是先明确职业？这就是我要跟你谈的重点。为了这个重点，你不得不先仔细阅读下面这些略显枯燥的内容。

我的观点就是，如果行业选择不正确，那么日后你即便再努力，也难以有好的发展机会。换句话说，做对的事情，比把事情做对更重要！打个不恰当的比喻，小偷的盗窃水平越高，累积的案底就越多，被抓之后判刑就越重，原因就在于他做了错误的事情。

很多人受了媒体和学校的蛊惑，说什么“先就业再择业”。学校为了完成就业率考核疯狂灌水，媒体代表官方为减轻社会就业压力拼命炒作。很多人相信了这些观点，最终做了自己不喜欢的事情。浪费的那一两年，或许更长的时间，却没人替他们承担后果，这里面的机会成本很高。

有些人压根儿没考虑过这个问题，带着一份没有底气的骄傲，进入了一个不怎么样的行业（活儿总要有人干对吧）。在即将没落、没有发展潜力的行业里，越拼命努力陷得越深，离成功就越远。惊醒之后，想跳槽到其他行业，一回头才发现四五年过去了，深感隔行如隔山，很难再跳出去，头就真的有点大了。

这个时候，我们一定要提到伟大的战略祖师——孙武！他老人家有句大实话："故善战者，求之于势。"

此刻你一定很关心如何参悟局势，谋定而后动。我要告诉你的就是——深刻把握行业发展的周期性。

世界上任何东西都有生命周期。至少现在我还没有发现什么人能长生不老，行业也不例外。

一般一个行业的发展要经历四个阶段：初创期、成长期、稳定期和衰退期，这是经济学、市场营销学课本里非常基础的知识。例如，移动互联网行业现在就属于初创期，互联网行业就属于快速成长期，家电行业就在成熟期，纺织、煤炭行业正在走下坡路。

从内部体系竞争来看，又分为跑马圈地、自由竞争、诸侯混战、寡头垄断四个时期。

那些在课堂上长期打瞌睡的同学要注意了，因为你不得不跟着我再次重温那段过去的激情燃烧的岁月。希望这次你不要趴在桌子上，看着这本书欢快地睡去……小心口水流到我的大作上。

开个玩笑，给大家提提神，我们继续……

例如，牛奶制品行业就处在寡头垄断时期，整个行业被蒙牛、伊利和光明这三家巨头控制着，它们分享着这个行业 80% 的利润。剩下的中小牛奶制品企业，疯抢那 20% 的剩余利润。

连锁酒店就处在诸侯混战期，大家斗得不可开交。移动互联网属于跑马圈地时期，而婴幼服务、老年服务、大健康产业等正处于自由竞争时期。

看过了上面这些，你可以开始思考了：如何找到未来的机会？

请你先回答下面三个问题：

- 十年前的热门行业是什么？
- 今天的热门行业是什么？
- 未来十年的热门行业，你认为又是什么？

仔细想想，十年前干什么最吃香？最让人羡慕？现在他们如何了？今天的热门行业是什么？看看你的周围，那些赚钱最多，表情最得意的人们，他们都在从事什么工作？了解一下他们所在行业未来十年会有什么变化，是不是一样红红火火？

思考完上面的问题之后，最关键的是，你要思考一下未来十年的热门行业是什么，因为这才是和你息息相关的重点所在。

你的选择方向在哪里？

明白了上面的道理，你就知道摆在你面前的只有三个选择：

- 选择十年前的行业，也就是现在的“夕阳行业”。
- 选择当下最热门的行业。
- 选择未来十年的热门行业。

这三个选择，对每个人的未来会产生完全不同的结果。它决定了你有条件潇洒工作，轻松生活，还是每天辛苦努力，口吐鲜血而看不到未来。

答案很明显，十年前的热门行业，如今大都风光不在，你完全可以忽略。当下的热门行业，是个选项，但机会已经大不如前。所以，我更推荐你选择门槛低、机会大的未来新兴行业。

也就是说，以金融、信息服务、教育培训、旅游、新能源、娱乐文化、物流、专业服务、健康、医疗等为代表的服务产业，孕育着大量机会。

从国外发达资本主义国家的行业发展规律来看，服务产业占据了它们的主流，那也是我们的未来，这是行业发展的大规律。

另外还要注意，在每一个行业中，都会有新兴的细分领域代表着未来的发展趋势。

举几个简单的例子，化妆品行业的男性化妆品，就比女性化妆品发展前景光明；食品行业中的婴幼儿食品，比成人食品前景更好；同样是 SEO（搜索引擎优化），淘宝 SEO 就更具发展潜力。如果你要在这几个行业发展，那么这些细分领域就是你要特别注意的地方。

▼ 聚焦行业选择的四大窍门

看清资本流向

资本要想不断获利，必定要找到符合需求的行业和市场。有人会说，这跟我们有什么关系？关系大了！我们寻找的不也是最有发展前景的行业和机会吗？也就是说，我们的目标是一致的。

当大量资本注入有需求的市场之后，这些行业必然会招兵买马，你的机会就在这里。当这些行业被更多的资本注意和认同时，就会形成强大的“龙卷风”效应，吸引各种资源、力量加入其中，这些行业就有机会快速发展起来。作为个体，你就能借势而起。

反过来，如果行业发展到了极限，走向微利时代，甚至无利可图，大量资本就会从这个行业撤走，寻找机会更大、利润更高的朝阳行业。资本撤走的结果，就形成了我们现在看到的夕阳行业。

如果你在资本纷纷流出的行业里，那么纵使你的能力再强，也无力回天，因为大势已去。个人的力量无法与趋势抗衡，只能与其同生死，共命运。

其实这些道理，做市场的人能够非常清楚地看出来，但对于刚刚踏入社会不久的人，却不容易理解透彻。

进入精英企业

这是很多人的选择。因为看不清未来，那么眼皮子底下最好的就是最佳选择。如果你要进入现在已经成熟的行业，当你有机会、有能力的时候，可以选择那些行业前几名的公司。原因很简单，在成熟的行业，垄断格局基本已经形成，这些少数精英企业瓜分了 80% 的市场份额，它们有能力提供更高的收入。你只有到这些企业里面来，才能够享受到这个行业应有的工资水平和福利待遇。

前面已经说过，其余大部分企业在争夺剩下 20% 的市场份额，那些先进入这些公司的前辈们喝得连汤都不剩，你认为你能得到更好的待遇吗？

还有一个问题，在未来持续二三十年的工作期内，你不能保证这个处于成熟期的企业平台不会严重下滑甚至崩溃，那么后面的日子就比较难熬了。相信“下岗职工”这个名词大家并不陌生。

选择未来

如果进不了现在红得发紫的这些精英企业，你也完全没有必要感到沮丧和愤懑，也许你有更好的选择。那些现在还名不见经传，却有着无限发展潜力和空间的中小企业，它们的未来极有可能好得让你目瞪口呆。有未来，你才有机会。

这些新兴行业中的企业正处于诸侯混战时期，它们会提供给你锻炼和快速成长的机会，给英雄真正的用武之地。研究历史就会发现，那些知名的帝王将相，大都在这个时候发迹。而在成熟企业里，你只能按部就班地跟着制度走。

拿十年前的互联网来说，那时候入行的人只要努力，现在基本上都不会发展得太差。看看十年前的那只小企鹅（腾讯），现在肥壮到什么程度了？想像一下，如果当初你在的话……

哪怕你刚开始进入的企业发展得没这么强悍，或者甚至还有可能倒闭，但是有一点，你已经进入这个行业了，你已经是传说中的“业内人士”了。至少你没有入错行，你已经是具有行业背景的人了，跳槽就有可能升职、加薪。比起那些入错行的人，你面对的风险小太多了。

还是选择未来吧。未来，对我们每个人来说，都充满了无限美好的想像空间！

借助外部力量

为了让你既能选择正确的行业，又能尽量选择正确的企业平台，把你的发展风险降到最低，我们必须学会借力。

借谁的力？谁有这样的好心白白让我借力？别担心，你甚至不用跟他打招呼就可以借到，那就是——风险投资机构！那些管理着大量资金，到处寻找投资机会的风投，他们会引导你。

在中国，现在有千余家风险投资公司，天使投资人每年都会对很多企业投入大笔资金。在投资之前，他们一定会对整个行业和投资的企业做专业而全面的评估，比你在求职网站和猎头网站上翻腾出来的那些行业和公司靠谱多了。

求职网站上的职业分析师靠分析和嘴巴投票，而风投可是拿真金白银投票的，他们可不会像把石头扔到水里那样随意选择。他们是精明的商人，恨不能在地上挖个坑，埋进去 1 元，长出 10000 元。所以，你只要跟紧他们的步伐，进入他们所投资的行业和企业工作，就等于搭上了个人发展的飞速列车。三五年左右的时间，你就会在众目睽睽之下，一骑绝尘而去。

如果你想知道风投公司都投资了哪些行业和企业，我推荐两个网站作为信息来源渠道的参考：投资界（www.pedaily.cn）、投资中国（www.chinaventure.com.cn）。还有类似的网站，你也可以到网上搜索一下。你可以尽情选择那些被看好并获得资金注入的公司，想办法敲开其中一家的大门，然后大摇大摆地跨入高速列车的车厢……

至于如何“敲门”。后面我会谈及。这里给你一些思考时间，目的就在于激活你一度被所谓正确答案娇惯到慵懒不堪的大脑。

P.S. 请先狠狠地记住这句话：龙卷风来了，猪都会飞！你就更不用说了！

▼ 选择职业的秘方

如果上面给出的信息还不够帮你做出更好的判断，那就让我们向更细的方面再进一步吧。

哲学家说，人不可能同时踏入两条河流。

因此我们必须做出选择，也必须学会舍弃。大家要像锤不烂的铜豌豆一样，突破一个又一个两难困境，并在突破中享受，同时获得生命的意义。

一个人开始踏入社会的时候，人生和事业都刚刚起步，似乎很难想像自己能够改变自己的人生轨迹。但就在每一次选择中，我们一点点地改变了自己。每一种选择都有其合理性，但每一种选择之外，都一定有许多更好的选择在等待着我们。正是由于这种不确定性，才成就了选择之美。

选择让你无处藏身。即使你“什么都不选”，也是一种选择。因此重要的不是是否选择，而是如何做出正确的选择。成功与失败最大的不同在于，前者选择了正确，后者选择了错误。因此，我们常常看到一些天赋相差无几的人，由于选择了不同的方向，最后走向了迥然相别的人生。

做选择的时候，几乎没有人认为自己是错误的，只有傻瓜才会故意做出一个不利于自己的选择和决定。他们之所以选错，往往是因为不懂得如何选择。

在一次语音分享会上，一位事业不顺的中年男子向我抱怨道：“很多选择都是在无可奈何之下被动做出的。”

是的，并非所有人都能自由地做出选择，这是由多方面因素造成的。资源的稀缺性决定了我们必须做出取舍，但是这不能成为消极选择的借口。相反，越是在这种情况下，越是必须做出积极的选择。不知道你能不能真正理解这一点。

他还告诉我，他在现在的公司已经待了十年，目前企业效益不好，老板准备裁员，他就是其中之一。他很焦虑，虽然自己并不是很喜欢这份工作，也不是最优秀的员工，在企业中没有什么突出的成就，但还有家人要养活，被裁掉对他来说是件不得了的大事。

看得出来，在这个选择中，他是被动的，但是他一样可以做出积极的努力。比如说，主动找老板谈谈自己的想法，或者干脆选择放弃，去开辟属于自己的事业（这也是一种选择）。

此类问题在大多数人身上都存在，包括那些刚刚踏入社会的年轻人。其实问题的关键在于，他们在事业的开端没有做出正确的选择。

选择有很多种，现在我与你分享的是如何选择正确的职业。

每年都有一大批毕业生面临这个问题。打开招聘网站，各种职位扑面而来，到底哪个真正适合自己？这真是让人头疼的问题。要知道，江湖传言“你的第一份职业会影响你一生”！虽然这个警句有点儿夸张，但是也凸显了职业选择对一个人的重要性。你能不谨慎吗？你想做“草率择业族”？你不想吧？

那就看看下面这些秘方。

当主角，不跑龙套

我们先来看看，什么是“主角职位”。主角职位，就是能直接帮助公司创造收入的职位。譬如，软件公司的研发工程师，咨询公司的咨询师，房地产代理公司的营销策划、文案策划等。

作为公司的核心岗位人员，干着核心的业务，那自然不用说收入会更高，工作也更稳定，整个公司上下也都更加重视你，而且更容易崭露头角，更容易升职发财。特别是那些做过销售和市场的人，这些人更容易独立创业。这让我想到了自己，因为我就是这么过来的。

“跑龙套”，就是指那些“寡妇职位”，是由于设置不合理或定位不准确而制造出的一些低效职位。一个能干的员工如果在这种职位上混着，那他的业绩很难被评估和考量，也就无法得到真正的赏识。例如大多数客服、行政、办公室文员等。

在继续选择职位的讨论之前，我先插播一个不久前看到的新闻。

某君，上海人，八年公务员，三十有余，最大的特长就是——听话！每天就是写报告，写材料，然后拿给“英明”的领导修改。参加同学聚会，看到非体制内的很多同学都收入颇丰，洋房豪车，想想未来漫长的人生路，他不甘如此虚度余生，愤而离职！

某国际知名专家对中国的“公务员考试热”有一段精辟的点评：“大批的中国精英，本该为社会主义国家发展做出巨大贡献的年轻人，都跑到体制内寻找安全感了，这是人才的巨大浪费。”

我插播这个新闻，其实是想表达一个意思，公务员体系是个围城，外面的人想进去，进去的人想出来。进出需要你自己权衡得失利弊。

还有人说，能进入公务员队伍的人，大多数都是精英，但体制的渗透力却不容小觑。多年后，这些“精英”们要么被体制同化，学会了逢迎、圆滑，要么当牛做马，干着诸多繁重的重复劳动。一旦社会发生变革，这两种人都难以适应市场经济社会。

还记得上世纪八九十年代国企出现的大规模“下岗潮”吗？公务员队伍中的人，你们有没有这种危机感，怎样看待自身的未来？

请独立思考！

关于主角职位和“龙套”职位，在不同的公司也不一样。比如同样都是网站编辑，在软件公司就属于跑龙套，但在电子商务公司就是主角。所以在选择职位的时候，针对不同的企业要详加研判。

当然，主角职位对那些事业型的人有很大的吸引力。像是销售岗位，如果你肯努力，一年收入轻松超过二三十万元还是很普遍的，我这么说已经很保守了。如果你不愁吃，不愁穿，也没啥鸿鹄高远之志，就想找个安逸的工作，一周五天，一天八小时，下班之后手机一关，消失在茫茫人海之中，那就另当别论了。

不过我想你买了这本书，认真地看到这里，应该不会只有这点想法吧？

像选终生伴侣一样选职业

你有对象了吗？他 / 她是你这辈子下定决心永远厮守在一起的人吗？

面对这个问题，我想你是谨慎的。你甚至宁愿做剩男剩女，也不愿盲目走进婚姻的大门。要知道，你与伴侣在一起的时间可能低于你在职场上的时间，所以面对某个工作机会，你要问问自己："我这辈子就打算干这件事情了吗？"

如果你没有提前回答好这个问题（你一定要记得问自己这个问题），而是抱着"先干干再说，不行我就跳槽"的短视想法，那么未来五年或者更长的时间里，你会过得很纠结，还可能会碰到大麻烦。就像很多人换男女朋友一样，换来换去，换得对爱情失去了勇气和信心。

尽快找到一个适合你，又能做一辈子，并且随着时间的增长，能让你越来越值钱的工作，对你来说十分重要。就如同找到一位可以相互依靠，心里踏实的爱人，那将是一件做梦都会偷笑的大喜事。

人就活一辈子，你也不想凑合着过对吧？所以，这又是一个刚性标准！

不要轻易放弃你的专业

据我所知，很多人都不喜欢自己的专业，有的人甚至揪心到夜不能寐的地步。

这多半是因为，当年你选择专业的时候并不是很了解这个专业。可能是你父母的意见，可能是有些霸气的专业名字把你吸引了，也可能仅仅是你认为你会喜欢……上了花轿之后你才发现，妈呀，嫁错人了！

我很能体会你的苦衷。不少人结婚之后，才发现那个没良心的原来跟结婚之前判若两人，还经常夜不归宿。也可能是随着时间的推移，你的眼光越来越挑剔，慢慢看不上他了。这时候，要么抛却多年感情，为了自由和幸福离婚，要么继续忍受着！

亲爱的朋友，在你决定"弃暗投明"之前，能不能先听我给你分析一下？

首先，我希望你淡定地思考一下这两个问题。

第一，你了解自己专业的“远大前景”吗？

有很多专业，可能受到了某些外在原因的影响，你不是很喜欢，但是这些专业，在未来几年里却能给你带来五位数以上的月薪与无限的发展空间。如果是这样，你真的还讨厌它吗？从这个角度来说，也许仅仅是由于眼界问题，你还没看到你所在专业的前途。

第二，你认为你喜欢的你就真正喜欢吗？

有不少人告诉我：“刘老师，我不喜欢我现在的专业，但是我喜欢……”这个时候我通常会问他们：“你真的确定你喜欢？你是在真正了解之后做出这个结论的呢，还是仅仅感觉你喜欢？”当我问过这些问题之后，得到的要么是一阵沉默，要么就是一堆在我看来不靠谱的理由。是的，你也知道，得不到的总是最好的。问题是万一得到了，它会是你真正想要的吗？（此处留 3 分钟思考时间。）

另外，我还要告诉你，你的专业，在企业选择人才的时候，仍然是重要的考量因素。你以为那些招聘广告上标注的“专业要求”，是杵在那儿秀身段的吗？所以“根正苗红”显得尤为重要。

还有就是，那些非常冷门的专业，因为可替代性很小很小，所以一旦找到了急需的“买家”，就是你发挥威力的时候。就像前些年火热的外语小语种专业，就是一个很好的例子。

在你真正发现自己的爱好和特长之前，建议不要轻易放弃自己的专业。搞不好就是捡了芝麻，丢了西瓜。这种故事每天都在上演。

下面就来谈谈我那个做技术工作的表弟吧。

年前表弟给我打电话，询问工作的事情。他是菏泽学院的应届毕业生，软件工程专业。毕业前夕他跑到天津自我深造，面临签约的时候却不知如何抉择。

他告诉我自己不喜欢做技术，不想一辈子对着电脑敲敲敲，想做一些跟人打交道的工作。嗯，这种问题确实很多，不少技术专业出身的年轻人，如化学、物理、机械、IT、动画设计、编程等，纷纷表示自己不喜欢做技术，不想一天到晚对着一台烂机器搞来搞去。

如果你也这么想，你就有点不懂行情了。

其实，你有一门技术，比你能说会道更受欢迎。你不知道现在很多企业高薪聘请的都是掌握核心技术的人才吗？不信可以立刻去招聘网站上看看，只要涉及到“工程师”一类的职位，薪资水平远远高于那些“万金油”。

不要过分高估自己的“嘴巴”，单纯与人打交道的工作不是你想的那般美好。而且与人打交道这个定义太宽泛，不利于聚焦。但是如果你能凭借“技术＋善于沟通”这个公式，以后做到管理岗位可以说是水到渠成。如果你想创业，在业余时间学习营销知识，凭借“技术＋营销”，我想你能以最短的时间击败那些只懂技术的竞争者。

因此我建议表弟，先踏踏实实把技术做好，然后把我教的那一套生涯发展驱动程序安装到位，三五年后，就能让全班同学仰着头看你。

在做出选择之前，彻底了解你的工作

虽然已经说了这么多，但这才是做出正确职业选择的第一个步骤！

你又一次站在了选择的十字路口。这次你绝对不想再像选专业的时候那样仅凭感觉了，因为你深深地知道，没有调查就没有发言权！你不想等到真正需要了解每天都要具体干些什么的时候才说：“天啊，这又不是我想要的工作！”然后又开始后悔，又开始每天琢磨事儿。

我们来看看，在你“上船”之前，如何知道这船会不会去你想去的地方。

（1）去实习。

我说的实习，不一定非要安排在毕业前的实习季。你的七大姑八大姨总有些关系，趁着假期，让她们介绍你到你认为适合自己的工作环境中，实地去感受一下。

或者干脆你自己去找。周末的时候，到网上查查距离较近的公司，找到他们的负责人，把你的想法说给他听。你可以免费帮他们打几天工，看看你想做的工作每天都是怎么进行的，是不是你想像中的样子。一般情况下，你都会如愿。这比周末躺在床上睡到 12 点有意义多了！

（2）向职场过来人咨询，虔诚地请教他们。

只要你乐意去问，这些人多数都会语重心长地向你讲述他们工作中的种种喜乐忧伤。你要了解好的方面，也要权衡一些“阴暗面”。任何工作，不同的人做，感受都不一样。你最好找那些成功的人，他们会给出客观的评价。那些失意者，则会把你当成大倒苦水的垃圾桶，严重打击你的信心和积极性。

（3）仔细研究招聘启事。

那里面有一些对职位职责和要求的描述，看看到底是不是适合你。然后再打电话询问，亲切地与他们的人事主管交谈。如果能进一步与他们建立一些交情，你会得到关于这个职位的更多秘密。

有很多办法可以让你深入了解，关键是你做不做的问题。

让我们再一次直面残酷的现实吧。我说的这些简单方法，你可能一件都没有去做。你不做，就只能凭感觉，碰运气，这样就太不靠谱了，对吗？

就是因为有这么多缺乏行动力的人，我到现在都还在不停地辛苦工作。我多希望自己失业啊！套用一位中医朋友的话说就是：“但愿天下人无病，宁肯架上药生尘！”

当然，有病不看那是另外一回事。

搞清楚你到底哪一点比别人强

给你一个最靠谱的建议，问问自己：“我到底哪一点比其他人强？”你不必所有能力都高过别人，这种人还没出世。你只要找到某一个细分领域，在细分领域内，你能比一半以上的人强，你就找到金矿了。简言之，在他们看来很棘手的问题，你看来只是小菜一碟。

这个小小的优势，我称之为“择业利基”。一旦与市场接轨，“择业利基”就能成就你一生的事业根基！

关于这个话题，我会在下一节中做更深入的分享。我将用两个让你醍醐灌顶的案例告诉你，这个“择业利基”能为你带来怎样的事业和财富机会。

一口气写了这么多，我有点儿小累。您慢慢看，我去前面的沂河边走两步……

不过出去之前，我得再补充几句。对于职业的选择，必须多角度、多方面验证评估，“有的”才能“放矢”。选择职业可不比你在餐馆点菜，高兴了一个人可以吃十几个菜，吃不完还可以兜着走。在这里，估计你一次只能点一个大菜，而且要吃上很久！

▼ “择业利基”——人生的大金矿

前面承诺要与大家分享的“择业利基”话题，这里要兑现了！

首先，什么是“择业利基”？就是指你自身拥有的、特别的、在某一领域超越其他人的择业优势（一种变相的市场）。既然你知道应该发挥某一方面的特长和优势，那么你就需要将这个优势缩小到一个特定的领域，精准地将它定位出来。

不要试图将自己定位为“万金油”，那是错误的，而且你根本就无法实现这一点。无论你多努力，摊子铺得太大，你也张罗不过来。

重要的是，你的这个“优势”，要与市场需求结合起来。

你所要寻找的市场，不仅仅是就业市场中的各个企业，还要考虑你的这个优势如果绕开企业，能不能运用它直面你的客户并且被接纳。说得更直接一点，企业聘用你，是想借助你的这个优势来为他们自己或他们的客户服务。

利用这个优势，选择能够发挥的空间。这个空间起初可能是企业为你提供的职位，慢慢地就会发展成一个领域，一个细分领域。而这应该就是你的目标，是你能够独立开创事业的起点。

在这里，我其实是运用了生涯发展聚能环“核能加速”中的直效营销概念来解读这个问题。如果你没有接触过，你可能还不是很懂。也许正是因为不懂，所以至今你还没有发掘出自己的“利基”。但是没关系，后面我会给你解释。

如果定位精准，你的“优势”就相当于是生涯金矿中的一条缝隙。现在，你已经从缝隙中看到了闪光的金子。你是不是在想，那就往里面挖挖看，把你目前能挖到的金子都挖到，然后再去寻找其他金矿。

错了！巨大的机会和财富就在你眼前。在从那条缝隙中把可能挖到的金子都挖空挖净之前，你甚至都不应该去别的地方看一眼。然而人们通常都是这样对待自己的“择业利基”（金矿缝隙）——只挖到很浅的地方就放弃了，然后又开始寻找另一个。之后他们会惊愕地发现，与他们具备同样优势的人，在他们曾经放弃的那个金矿里挖出了更多的金子，发了大财。

这其中的技巧应该是，找到你的“择业利基”，将你的精力全部聚焦在这条富有的缝隙上，把它挖到最深处。不要因为涉猎其他“利基”（你不擅长的领域）而分散了你的精力，那样就相当于把个人发展的机会和财富拒之门外了。

接下来的两个案例将会向你展示，你的择业利基可以多么简单。往往很多看似不太可能的东西，能帮助你在生涯发展道路上获取机会和财富。

案例一：聪明的波特医生

多年前，有一位波特医生，他像大多数医生一样，每天坐在诊所为患者看病。他发现对于医术，自己并不比其他医生高明，但他极为关注饮水健康。他订阅了大量的书籍和资料来研究水对人体的影响。他的这种关注就是一种优势，因为其他医生都没有他在这方面了解得多。

这位聪明的医生后来是怎么做的呢？令人赞叹！由于他出色的直效营销策略，通过销售书籍、光盘以及开办研讨会，他累积了大量财富。

他这个需要数小时才能看完的光盘，以及书籍、研讨会中，用大量语言解释的新鲜结论到底是什么呢？你猜得没错，那就是：要多喝水！

就是这样，没有什么高深和复杂的东西。

波特医生认为，我们的饮水量都不够，他希望我们所有人都多喝一些水。是，他可能说得没错，但是只是这样一个简单的信息优势，通过优质的包装之后，就能价值一亿美元！

这并非只有天才才能做得到，每个人都能。看到这里，你还会说自己压根儿就没有什么优势吗？天哪，我在这里讨论的，绝不是说你非要有一颗能瞬间记忆 300 个单词的超级大脑，也许，仅仅是你在某一方面比别人多一些研究兴趣而已！

这便能成为你的“择业利基”。

这位聪明医生的书籍叫做《你的身体在呼唤水》。凭借这本书，以及他的音频、视频光盘，还有一些后续书籍，波特医生将自己打造成了一位公认的专家，而这位专家最擅长的就是——教大家喝水！

不过，为什么不可以呢？他对自己所做事情的激情与专注，促使他撰写了一本书，其主题传达的强有力的信息也足以说服人们，他的言论和行为都是合理的。

当他听到有人告诉他，“很多人生病都是因为饮水不够”之后，他知道自己的机会来了。他没有无动于衷，而是真正采取了行动，于是他开始了自己的事业。他现在变成了一个非常有钱的人，并且在这个过程中，还帮助很多人改善了健康状况。

波特医生能有这样的成就，是因为他找到了自己的“择业利基”，很好地对接了人们的需求。他在这个领域深入了下去，没有轻易放弃自己的金矿，没有因为去其他山上寻找机会而消减他的精力。

第二个例子是要证明，任何人都能有一个“择业利基”。

案例二：男人所知道的关于女人的一切

在美国有一位女士，她常常觉得自己的老公不够了解自己。为了维持良好的夫妻关系，她就到处寻找答案。后来她发现不只是她有这样的感觉，很多女人都有。她意识到这是个机会。于是她写了一本书，叫做《男人所知道的关于女人的一切》。

她很聪明，她没有在书店销售这本书（不是放在书店，淹没在一大堆书中），而是在女性内衣店和服装店进行销售，摆放在收银台。这样一来，广大女性在付款的时候，很容易想要顺便购买这本有趣的书。

你想知道这本书的内容吗？这位女士跟大家开了一个小小的玩笑。

在书籍的封面上有一句话："终于有一本书，揭露男人所知道的关于女人的一切了！"然而，当人们拿起书翻看时，却发现里面都是空白页。明白了吗？实际上，她是想说，男人对女人根本一无所知。

这本书售价 2.95 美元，人们很乐意为这样一个玩笑支付这个数额的钱，而且很多女性甚至还会多买几本送给她们的朋友。总有很多人愿意为如此精彩的创意付费。

你知道吗？她卖出了几百万本。扣除各种费用，每本书净赚 2 美元。

那么，你必须是哪种人，才能想出这样一个原创点子呢？一位哈佛的高材生？才不是。想出这个点子的女士在真正下决心凭借自己的关注点大赚一笔之前，只是一位秘书而已。换句话说，她并不比你更有才或更聪明，只是仅仅凭借一个"关注点"，她重新找到了自己的"利基"而已。

关键是要先发掘出你在某一方面的特别之处。这个特别之处也许是你本身具有的，也许是你的某个兴趣爱好。然后不断深入挖掘，并找到一批足以依赖他们成就一项事业的人（市场）。

接下来就是有计划、有步骤地去执行，然后顺其自然地到达你想去的地方。

想想你应该怎么做？

你会找出自己的“择业利基”吗？你会为它进一步学习吗？你会在一开始找到一个能够让你发挥这种潜力的公司，然后潜下心来修炼自己在这个领域的绝活吗？你愿意在直效营销和文字兵法技能的驱动下，进一步确立自己的核心竞争力，并且轻松建立自己的事业吗？

如果你的答案是肯定的，那么你就找到了人生的大金矿。如果你的答案是肯定的，那么本书的后半部分将会更加坚定你的信心！让我们用“以正和，以奇胜”的兵家战略思想，来引导我们的生涯发展，独辟蹊径，强力加速！

P.S. 知道吗？其实当人们站在悬崖边时，害怕的不是坠落本身，而是怕自己真的动了跳下去的念头！如果你还没有发现你的择业利基，并且为此忧心不已，请千万不要绝望，不要跳下“悬崖”。你一定拥有这样一个小小的、特别的优势，把它找出来，并且下定决心锤炼成你的事业。

▼ 如何知道你的目标企业到底想要什么

如果你不知道你应聘的目标企业到底想要什么，你就很难有机会达成你的愿望，因为那就像是在黑暗中往洞里投石头。

在你决定投递简历之前，你要做好下面这些准备工作。

了解你的目标企业

关于你的目标企业，首先你要搞清楚下面这些问题。

- 它的核心业务是什么？
- 它在未来的发展板块是什么？
- 它面临的最大问题是什么？
- 这个问题来源于什么？

- 它急需哪方面的人才？

……

有许多方法可以帮助你了解这些。

（1）倾听是最强有力的工具。

你正在海投？还是在写求职信给少数目标企业？如果你正在海投，你就不得不做许多有代表性的调查。如果你正在给少数几家企业投递求职信，那么你应该在投递之前找他们中的一些员工交流，认真听他们说什么，不要打断他们，仅仅是倾听。

通过向他们询问一些有智慧的问题，仔细地倾听他们的回答，来了解他们想要的、需要的，以及他们目前存在的问题是什么。

这样不仅能让你像激光一样聚焦于这个可能成为你雇主的企业需要的东西上，而且你的行为会展示出你是多么真心地想加入他们。这让人觉得你是非常可靠的，甚至还会促使他继续和你对话，而这正是一个好的求职者真正想要的。

如果你不能和调查对象面对面地交谈，那么你必须找到其他的方法，尽可能地了解你要写求职信的目标企业的基本情况——他们正在做哪种生意？他们的客户是谁？他们面临的最大挑战是什么？你能给他们带来什么？……

（2）细心调查。

我希望你细心地去调查，这是个伟大的方式，因为它可以帮你找到“优质”的线索。

你可以通过电话或者电子邮件进行调查，不过最好亲自过去调查。通过调查，你会知道这家企业想要的到底是什么，然后你就可以准确地定制求职信的内容，来满足他们的需要，让他们确定你就是他们要找的人。

不要担心被拒之门外，因为人们大都喜欢对某些事情发表意见。如果他们相信你是真诚的，不是故意耽误他们的时间，他们就喜欢被你“采访”。许多人正生活在“无聊”中，大多数人都觉得没人听他们讲话，他们希望能有一个机会来表达自己的意见，希望有一个机会来发泄。

如果你说你的调查结果对你的决策至关重要，那么不仅你“未来的同事”得到了“发泄”，而且你的调查本身也会对最终获得这份工作产生积极效应，实际上这是很重要的。

提供激励措施给参与的人是一个好主意。一顿便宜的午餐，一通感谢的电话，通常就足够激励他们。许多人都很高兴能帮助你做调查，不管你是否提供了激励。给他们一个机会来发表意见，就足够让他们兴致盎然地来协助你了。如果使用得当的话，这是一个非常强有力的“潜在”工具。

设法了解你的潜在雇主想看到什么

我想让你从这节中学到这一点，即你必须在投递简历之前，设法了解你的潜在雇主想看到什么。否则你说的话可能就是套话，根本不会引起他的兴趣，特别是在竞争激烈的最难就业年。

做到这一点有许多种方法，比如——

- 面对面地谈话。
- 了解并亲自试用他们的产品或服务。
- 百度搜索他们的企业信息，并整理出来。
- 调查他们企业最新的投资计划。

……

你可以把所有这些信息整理成一份报告，并添加一些个人的“真知灼见”。

这些都是能够帮助你在求职之前预先了解潜在雇主的方法，秘诀在于选择合适的工具和手段，并有效地使用它们。如果你需要把钉子钉入木头，不要傻傻地用螺丝刀在那儿敲。

为了有效地把自己“推销”出去，你必须做很多跑腿活儿。你必须成为一个侦探，一个私人侦探，你必须是福尔摩斯。编制、筛选和组织你的潜在雇主信息，是成功的自我营销战略的基石。

在调查过程中，如果幸运的话，你可能会发现一些内部消息。比如他们对未来某个市场非常看好，急需人手，这时候“刚好”你就出现了！而且你准备充分，让他们看到了他们急需的东西。

当你带着调查报告去见他们的时候，他们会惊讶于你的用心，他们会发现你已经融入了这个组织。你的那些竞争对手只能眼巴巴地看着你签订就业协议。不，他们甚至都没有机会看到。

是的，竞争就是这么残酷和现实，对他们来说！

▼ 生涯发展中最重要的“关键词”

生涯发展不是胡乱猜测，也不是搞创造，搞发明，或是心血来潮。生涯发展是一门实践科学，是通过反复试验，从错误中发展起来的。我们所知道的，大部分都来自于我们过去的成功和失败，在生涯发展中被证明是正确的策略、方法和路径，这些不是假设和猜测出来的，而是通过——测试。

谁会想到你善于沟通但并不喜欢销售？你曾经以为但最终你发现自己喜欢演讲？这是通过在每一天的工作中不断感悟，不断测试得到的结果。当然，你有可能对演讲类工作也会慢慢倦怠或产生怀疑，但我们怎么能知道呢？还是通过测试。通过尽快地尝试，才能最终检测出你这辈子最有感觉的工作，最愿意去做的事情。

我们知道调查企业对求职有用，写一封好的求职信会给你加分，聚焦在某个领域能使你神采飞扬（根据情况而定），这些都需要经过测试。如果你坐在那里空想，即使你把脑袋想爆了，也很难与实际相符。

我们有一些理论和经验作为依据，我们可以做出有一定道理的预测，确定一个大方向，但是只有一种方法能检验我们的预测是否正确。没错，还是测试！没有测试结果，没有数据，没有最真实的个人感悟，我们就是在想当然，在盲目行事。即使是最专业的职场专家，也不得不在测试面前低头。

通常，越是快速地取得测试结果，越能尽快得出最终的决策依据，但并不总是如此。在实施过程中，不断调整也很重要。不过，有时一个小小的测试，就能获得答案。

做生涯辅导快五年了，我依然会对学员测试的结果感到惊讶。

永远不要假设任何东西。你仔细想想，测试并不会给你的生涯发展带来什么灾难。如果你的测试结果不理想，就不会投入大量的时间和精力。

如果“测试”是生涯发展中最重要的词，那么“假设”就是最危险的词。假设将导致灾难，而有目的、有计划的快速测试，将使你更快地走上一条正确的道路。

即使你已经从我的书或“赢家谍报”中学到了证明有效的策略、方法，也请你在使用时，先小范围测试一下。也许你会理解有误，但经过测试，取得效果后，你就可以全身心投入了。这种“测试思维”被证明能极大地降低决策风险，几乎在所有领域通用，包括在我的聚能直效营销中，测试都是最常被提及的“关键词”。

没错，我正是用直效营销思维来驱动生涯发展的。把人“卖好”，跟把产品和服务卖好，没有实质性的区别。我的生涯发展体系研究如何把人“卖好”，研究让你怎么把你自己这件上帝的“艺术品”打磨好，卖好，不至于沦落在街头小摊上。在该议题中，务实、长久、高效是其衡量标准。

▼ 立竿见影的求职信模板

讲了这么多之后，我想你现在应该知道一些求职的绝密技术了。你即将读到的这些内容是绝对有效的，因为它是我辅导学员撰写与众不同求职信的常用模板。

该模板看起来简单，但很实用。如果你真的急于写一封杀手级的求职信，那么你现在就可以用这个模板试写一封。

1. 上标：____________

在首页顶部写上简短、精炼的“上标”引题，先卖个关子，比如“我的朋友都知道我确实是干这份工作的料，为什么（或原因如下）？”

2. 主标题：____________

这里填写的是你对目标受众的号召。如果可以，尽量使其个性化一点，长一些也没关系，至少要表明你的受众是谁，以及你想从他们那里得到什么，如“在你读完这封信之前，千万不要考虑确定人选”！

3. 称呼：____________

如果可以，也尽量使其个性化。比如：“亲爱的 ××× 经理 / 总监 / 老师……（招聘信息指定的联系人）”，或者用“亲爱的 HR”也可以。不过，除非你肯定他能看懂你的笑话，否则不要太矫揉造作。

4. 首段（开始段）：____________

告诉我你是谁，为什么写信给我。如：“我是刘彦杰。我被众多青年朋友称为生涯发展私人教练，实际上我还是一位资深直效营销及销售文案撰稿人……”

常用的开始段撰写方法，见“赢家谍报”之《求职信中最重要的开始段》。

5. 讲故事：____________

现在开始讲述你的故事，我称之为“一切尽在于此”的部分。在这里，你要真诚地讲述你的情况，包括一些证明、案例等。介绍一定要具体，用事实说话，讲清楚。例如，不要用“我善于沟通”这类空洞的描述，而要说“10 分钟内我就能在大街上要到 3 个人的电话号码！”明白了吗？要具体，用事实说话。

6.“子弹”：____________

告诉对方你的优势是什么，能为企业带来什么好处和结果，然后一一列举出来。

在信中列个好处清单即可，如：“以下便是我能为企业带来的具体好处。”我将这些句子称为“子弹”，除了句子本身的威力外（强大的好处），每个句子左边都有一个“●”图标，像弹孔一样，所以我把它叫做子弹。

根据你的需要，你也可以使用多边形、三角形等，没有固定规则。通常，我会用“●”将其分开，如：

● 当你在文案中使用这个要素之后，人们几乎毫无选择，只能听你说。即使是对你的东西不感兴趣的人，也会继续阅读，因为他们根本就控制不住自己！

● 教会你如何搭建文字体系的信任架构！实际上，在这个充满怀疑的社会，获得信任是珍贵的。那么如何从整体架构乃至每一段、每一句话中，最大限度地获得信任，就显得尤为重要。

● 轻轻松松就能让你组装出诱人的广告文案，坐等现金入账。你只需按照流程图写作即可，就像把一幅拼图拼起来一样简单。从标题、第一句话，到第一段、第二段……直到正文最后一个字、附言（P. S.），按照“聚能文字兵法”这个写作流程图，你将轻松拼接出你想要的任何文字武器。

7. 提议：____________

告诉对方你的提议，他们可以做些什么。比如给你打电话预约面谈时间：“你可以现在就打电话给我，我的电话是……”

8. 附言（P.S.）：____________

在你的签名后面，一定要写上“附言”。

附言能吸引读者的注意力，因此可用附言强调你的主要事项，进行简单直接的描述。

比如，可以提醒对方下载你为他准备的“小礼物”，这是为了感谢他花费时间阅读你的求职信，以及为你提供面试的机会，或者重申一下你的电话号码。

还有一个最好的方法——列举几个来自原上司、老师、朋友、同事或同学的精彩见证，让他们对你进行赞许，也可以适当地吹捧。如：

- “小王做事极为认真，而且效率极高。如果能招聘到这样的员工，部门的工作将会明显轻松许多。相信我，我就享受过这种轻松！”
- “这家伙成交客户易如反掌，他另谋高就对我们来说真是个损失。但是人各有志，不是吗？”
- “小赵人品真没得说，上次我摔了腿，不方便上课，每次都是他搀扶着我去教室，足足一个月。我想，每个企业都需要这种有爱心、愿意付出的员工吧？”

……

以上就是我辅导学员通常使用的求职信模板。这套模板看起来有些粗略，但这是杀手级求职信需要遵循的基本模式。它确实很简单，但很有效。你可以试试看！

另外，我还为你准备了一封《在你选择的职业领域，确保能为你找到工作的求职信》。你只需要加我的微信公众账号（LYJLQT），然后回复“求职信”，就能立刻收到。

祝你求职成功！

下面是我随便挑选的一位学员撰写的求职信（经本人同意），他也是刚开始接受我的辅导。因为2013年6月份的秋招一无所获，所以他才找到我。这是他仅仅学习了两段“聚能文字兵法”视频课程后撰写出来的求职信，这水平相信已经超越了大多数求职者！

我的朋友都知道我确实是干这份工作的料儿，为什么？

加入心仪已久公司的求职信

——川大公共事业管理：王业

忙碌而尽责的HR：

您好！

对于我看重的企业，我都会坐下来，认真地写一封求职信，而不是按照网上的格式随便编制一份，我认为那是对HR和企业最大的不尊重。下面就是我安静地坐在书桌前写下的求职信的具体内容，里面介绍了为什么我是这个岗位合适的人选。

我是来自四川大学公共事业管理专业的本科生王业。

我应聘的岗位是文案助理。

很幸运，我的管理专业符合公司的招聘要求。但这不是重点，重点是请您相信，作为一名川大学生的素质与潜力、好学与努力！我明白，素质、潜力这些都是在工作后才能体现出来的。

要想进入一家企业，得先展示自己的价值。下面是我对自己为何适合这个岗位的描写（终于谈到重点了）。

文字运用能力

我对文字比较敏感，酷爱写作，坚持每天写作两千字（涉及商业思考、营销观念、产品文案等多方面的学习感悟。嗯，还有我那些杂七杂八的生活琐事），然后就是在期刊上发表的一些浅见，例如《青桐》杂志、《四川大学学生学报》。这些都很好地强化了我的文字运用能力。

当然，这仅仅是个良好的开端，只能证明我在文案策划方面的潜质。

以后我将继续坚持下去，让自己成为金牌写手——无论是在企业的品牌塑造，还是在营销策划上，都能写出像章鱼触须一样，能牢牢吸引顾客眼珠子的“魔力文案”。

为了更好地学习文案写作这门技能，我还专门花钱参加了一个培训课程，以提高自己驾驭文字、运用文字排兵布阵的能力，以便在顾客的大脑里描绘出一副关于产品的美妙地图。在不久的将来，我希望自己能够凭借这项能力，尽全力让公司的项目、产品给客户留下深刻印象，并让他们掏出钱包做为回应。

营销策划能力

文案策划服务于销售。如果说文案是营销落地的核燃料，那么营销策划就是“北斗导航系统”。

为了锻炼我的营销策划能力，我平时没事就会躲到图书馆里如饥似渴地学习，阅读营销类书籍，如史玉柱的《我的营销心得》、科特勒的《市场营销原理》等，以补充自己这方面的营养。

有的周末，当别人还在床上呼呼大睡的时候，我会坚强地睁开眼皮，爬起来，穿上一双合脚的运动鞋，跑到那些热销或不热销的楼盘，做实地的体验和了解，并与客户亲切地交流沟通。这让我知道他们为什么买，又为什么不买。对市场的了解，就如同蒸饭需要大米一样，是最基本的内容。如果没有好的大米，煮出来的饭，味道很可能令人作呕！

这些理论与实践结合的经历，无疑让我在营销上有了小小的进步，我的文案写作、活动策划也就更能贴近市场。

学习能力

对我来说，学习就像吃饭一样，是一种生存的本能。我的学习能力，一直以来都是较为突出的（请原谅，我没有故意吹嘘自己，我在描述一个事实）——在校期间多次获得综合奖学金，学习成绩名列前茅（请查看简历）。这是我学习能力最简单有力的证明，也为我将来在企业工作中迅速吸收知识，快速在实践中运用知识提供了保障。

沟通能力

与人沟通是最基本的能力，无论是文字沟通还是语言沟通。我可以写产品说明、活动策划、工作报告等文本，通过文字来向他人清晰地传递信息。另外，如果有一间小屋，里面坐着10个人（包括我），大家都不认识，我能在较短的时间内，要到至少7个人的联系方式（另外两个睡着了）。

团队协作能力

担得起领导职责，做得好团队成员，我是一个重视并善于团队合作的人。就像咱们建房子一样，如果只有一个人在那儿抡着个铁锹奋斗，我们都知道，任何房子也不会建起来。

在校期间，我曾经多次组建团队参加校园活动竞赛，促进各个团队成员通力合作，最终获得了二等奖、三等奖等奖项。这些成绩都显示了我不是一个只知道张着大嘴吹喇叭的人。

另外，我还能做"一桶润滑油"，同事们需要我帮忙的时候，或者领导安排给我额外任务的时候，我都会非常乐意把自己倒出来。

我喜欢看到周围的人每天都乐呵呵地咧着嘴笑，哪怕工作再辛苦。只要我们齐心协力，一定能保质保量完成任务。

在即将走上社会岗位之前，我毛遂自荐，企盼着以满腔的真诚和如火的热情加入贵公司（我亲爱的保利地产），领略贵公司的文化魅力，也将全力以赴地为公司贡献自己的价值（用行动，不是用口水）。

对了，下面是我邀请到的一些老师、朋友对我的中肯评价：

● 系主任、导师吴耀宏：王业同学学习认真，逻辑思维清晰，有较好的钻研精神。如果贵公司接收他，相信他一定会成为一名骨干人才！

● 大学同学郑葳：王业同学爱读书，文笔好，思维活跃，为人真诚，能成为一个不可多得的专业人才。

- 辅导员文海霞：王业同学为人真诚，待人有礼，综合表现优异，加入贵公司一定能有优秀的业绩表现。
- 大学室友、党支部负责人王少飞：王业同学与室友关系和谐，乐于助人，积极参与班级和党支部事务，是一名好青年、好党员。

注：以上评价，是本人亲自打电话询问求得，绝无造假。

真诚的，

王业

2014 年 2 月 12 日

P.S. 感谢您在百忙之中阅读我的求职信，祝您新的一年工作顺利，万事如意！

P.P.S. 我的电话是：××××××，24 小时昼夜不间断期待您的来电！

该同学现已被保利地产成都公司录用，我们的辅导也才刚刚开始。另外，除了电话被隐去，其他内容都是真实的，包括学校、姓名。

第四章

聚能环之三：修炼绝活

在通往成功的道路上，你总要付出点什么。你可能会遇到各种困难和诱惑，但这些阻挡你的东西，也会挡住大多数其他人。正因为有困难，它才稀缺，才有价值。

- ▲ 铸造你的倚天剑和屠龙刀
- ▲ 为什么你还没有自己的绝活？
- ▲ 修炼混元内功
- ▲ 把自己打造成行业专家的秘密策略
- ▲ 把自己打造成行业专家的具体步骤

▼ 铸造你的倚天剑和屠龙刀

倚天剑和屠龙刀是什么？就是你的绝活，是你有而别人没有的大绝招。试想，决斗场上，当对手得意洋洋地拿出一把大砍刀时，你却淡定地抽出了倚天剑和屠龙刀……想像一下那个拉风的场面，看客必定一片哗然……

但凡成名的侠客，必定有自己的独门绝技。

让我们来举几个例子。

- 郭靖——降龙十八掌。
- 李寻欢——小李飞刀。
- 陆小凤——灵犀一指。
- 杨过——黯然销魂掌。

……

这些都是小说中耳熟能详的高手，他们就是凭借锤炼到极致的绝活独步武林，成为一代侠客的。同样的道理，我们立身于世，也需要有自己的绝活。

只有练就真正的绝活，你才能给别人贡献价值，才会成为那个被别人需要的不可替代的人，才会赢得真正的尊重。绝活是铸造权威、赢得市场的重量级武器，不管是在职场还是独自创业。一旦你打造出这件利器，财富和地位将唾手可得。

▼ 为什么你还没有自己的绝活?

第一，大部分人，根本不知道自己的兴趣和天赋是什么。

第二，很多人没有绝活，不是因为没有自己的兴趣和爱好，而是研究得太广泛了，号称天文地理无所不知，三教九流无所不晓。

第三，你的兴趣和天赋不能为你带来太多，但是把它修炼成你的绝活就完全不同了。很多人都知道这一点，但修炼是一个长期付出的过程，多数人都不愿意拿出时间、精力和金钱去投入。

在通往成功的道路上，你总要付出点什么。你可能会遇到各种困难和诱惑，但这些阻挡你的东西，也会挡住大多数其他人。正因为有困难，它才稀缺，才有价值。如果随便就能做到，那么那些既重复无趣，又没钱、没尊严、没地位的事情谁来做?

如果你做不到，那就只能选择平庸。这个再难，也不用去祈求别人施舍。

有些人误以为绝活必须是专业技术，事实并非如此。只要是能让你在行业立足的杀手锏，它可以以任何一种形式出现，但是需要刻意修炼和雕琢，它才能真正成为你的利器。比如你运用人脉的能力，你获取别人信任的能力，你百分之百成交客户的能力，等等。任何一个领域，只要你有绝活，都足以屹立于整个行业。

从小的方面讲，比如有人一门心思钻研一个项目的施工方法，这也是客户最关心的一个环节。每每遇到客户提出疑问，他都把思路引向其擅长的这个问题上，百问不倒，最后让客户心服口服地签单。

大一点的比如，有人把钢笔字修炼成了绝活，这个人叫席殊，就是席殊书屋的创始人。20 世纪 90 年代初，他垄断了钢笔字培训 90% 的市场。纵然是今天，依然有无数人是他的铁杆粉丝！我就是其中之一，而且我在席殊书屋还贡献了不少银子呢！诸如此类的案例有很多。

那么修炼绝活需要注意什么?

在规划未来时，应该设计两条线。

第一条，温饱线。收入可能不高，但是稳定，无论你输成什么样子，至少回家还有碗饭吃。

第二条，事业线。以你的绝活为主线，在工作中修炼绝活，再依托绝活去开拓平台，发展壮大。

悲哀的是，大多数人都只关注温饱线，忽略了事业线。我知道，你要反驳我说，工作就是为了将来有出头之日，也是在发展自己的事业啊！这其实是两码事。人之所以迷茫困惑，就是还没琢磨透这一点。

我们先看看这个推理，再对照你的工作现状，看你是否能琢磨出思路的不同。

优势、兴趣→绝活→高价值→高身价→行业专家→行业领袖

只要你能琢磨透这个路线图，就该知道如何去铸造属于自己的倚天剑和屠龙刀了。更重要的一点是，它启动了你的思维方式。人的改变，首先是思维方式的改变，绝无例外。

还有一个秘诀要向你透露。

如果你想把你的绝活练到极致，需要特别注意一点，你必须让你的绝活具有独特性。如果你觉得它很大众化，那你必须另辟蹊径，为自己创造出一个空白的领域，在这个地方，你一开始就是老大。这是一个标签，你需要狠狠地为自己贴上。

不过你可千万别这样贴："我是西安唯一一个穿着裤衩上课的英语老师"，"我是本市最会吹牛的会计师"。如果是这样，那你就完蛋了。

你可以这样贴："我是西安唯一一个能教会你赚钱的英语老师"，"我是本市唯一一个具备营销功底的会计师（每个我待过的事务所都因此而客户大增）"。再系统运作一下，很快你就会被高薪抢走。

▼ 修炼混元内功

光有好兵器，还不足以让你鹤立鸡群，酒香也怕巷子深。练就上乘内家功法，才能以无法为有法，以无限为有限，剑气合一，所向披靡。因此，你需要特别注意下面的修习项目。

- 沟通和说服的能力。
- 人际关系能力。
- 时间管理能力。
- 项目运作能力

这些都是强大的支持系统，是御剑的内家功法，需要刻意去学习修炼，才能逐渐提高段位。每一个项目都有其背后的修炼秘法，但不同的人，有不同的通道进入，你要想办法找到属于自己的秘道。

▼ 把自己打造成行业专家的秘密策略

如果你是一位行业专家，那你赚的钱要比任何人都多，因为你有一种让别人敬佩的内在价值。当然，你得有真家伙，也就是你的绝活，否则你就是名副其实的“砖家”。

核心要诀一：永远不要被动等待

人们常常觉得成为专家很难，因为需要别人认同，需要一点一点像挤牙膏一样慢慢地熬。这似乎很有道理，不过我要告诉你的是，永远不要等待别人认可，因为很有可能你等不到那一天就退休养老了。

比如有人总是想：“只有当清华大学给我一个 PHD（学术研究博士）头衔时，我才是专家。”说句不好听的，清华大学给你博士头衔，你也不一定是专家。众所周知，很多“砖家”都系出名门。但是就算他们没给你 PHD，也不代表你不可以成为专家，所谓的“高手在民间”，说的就是这个道理。

前提是，你必须有真东西或真家伙。想成为专家，首先你要有绝活，然后你要敢于承认自己是专家，别一个不好意思就把自己给埋没了。

专家称号不是别人授予你的，每个人都可以成为所在领域的专家。如果你真有绝活，你要勇敢地站出来，告诉他们：“我有这个本事，这方面我是专家！”我不是鼓励你吹牛，或者让你表现得不谦虚，而是你必须有这个自信。很难想像，一个连自己都不相信的人，谁还敢相信他？

如果你做不到这一点，那么从某种程度上也反映出你没有自己的真功夫，因为你给不了别人想要的结果。你要修炼你的绝活，然后才有可能成为专家。也就是说，要成为专家，首先要有自信，相信自己有这个能力，能够实实在在地给别人带来价值。别人给你支付酬金，实际上是他的幸运，因为你为他创造的价值远远超过他付给你的报酬，这样你就不会不好意思收人家的钱了。

反过来，如果你觉得别人给你的远远大于你为他创造的价值，或者你觉得让他亏大了，那么就有问题了。你会觉得自己做了亏心事，害怕有一天被别人揭穿，那种日子可不好过。若果真如此，建议你继续修炼绝活，练到炉火纯青为止。

核心要诀二：展示你的独家绝活

如果你是专家，你就要展示自己的绝活，否则谁知道呢？谁知道你能帮人解决什么问题？谁知道你的产品或服务有多好？绝活本身毫无用处，许多有绝活的人一生碌碌无为，通常是因为他们把绝活本身看作一种结果。你要勇敢地展示你的绝活，把它运用于实践之中。

（1）聚焦在别人的需求和结果上。

你的绝活一定要能满足别人的某种需求，并且与他期望的结果保持一致。你要让别人感觉到：“我期望的就是这样的，通过你的服务或产品，我能够达到我期望的目的，这就是我要的结果。”

你的绝活一定要让别人感觉能够轻松、简单、快速地满足他们的渴望。没有人愿意等太久，人们常常迫不及待，这是人性，不要去责怪谁。当你能够娴熟地运用你的绝活时，你完全可以做到这一点。

（2）让人感到莫大的吃惊。

例如，我把我的“辅导课程”卖给过一个人。这人曾经很惨，甚至连养活自己都是大问题，干什么都四处碰壁，对未来感觉迷茫又困惑。后来他了解到我的方法，一开始他不相信，但是抱着试试看的心态，他尝试了一下，结果一天内他就感觉自己莫名其妙地发生了很大的变化。一周之后，他竟然找到了自己喜欢做的事情，并快速地投入其中。没过多久，他就走上了人生的康庄大道，而且还找了个不错的媳妇，比以前找的都好。接着他开始准备投入到更有挑战性的工作中去……

如今，他也会跟别人讲起当年是如何如何走到今天的，别人都以他为榜样。他为自己赢得了青春，赢得了现在和未来的尊严。

总之，通过你，别人得到了自己几乎不可能得到的东西，或者他从来没有想过能够这样，你就抓到它了。生活中其实有很多这样的例子，比如总有人能用低得出奇的价格买到好的房子，总有学生平时成绩不怎么好，但是通过某个老师的辅导，高考时成为一匹黑马……不管你有什么服务或产品，你都要给别人或企业带来改变，否则你就是没有价值的。

（3）令人久久不能忘怀。

我经历过这么一件事情。有个朋友是做设计的，对PS设计制作很有一套。有一次他来我家做客，告诉我：“你网站上的图片设计得不是很专业，但只要稍微改变一下，就会变得很好！”接着他帮我把颜色调整了，还渲染了一些背景效果，调换了一些图片。当时我就震惊了，感觉我的导图什么的立刻酷炫了起来，顿时有点“高大上”的感觉。

这事我经常跟别人提起。这就是一个绝活的展示，令我印象深刻。

从那以后，每当我弄图片或有类似设计需求的时候，我就会邀请他来帮我看看。因为我知道他是这方面的专家，而我在这方面是个十足的菜鸟，他已经证明给我看了。

核心要诀三：影响对方的大脑

每个人的大脑对事物的认知都有一个程序，你要通过某种方法和技巧影响他的认知过程，从而把他引导到对你的认可上来。讲故事就是一个很好的方法。

人们往往很容易记住故事，并被其吸引和说服，人们对故事的抵抗力几乎为零。说到这里，我给你讲一个关于我自己的私密故事！

故事是这样的……你不要笑话我，我说真的。

我到现在没事还缠着我老婆给我讲鬼故事，每次在自驾游的路上，这都是必修课。不可思议的是，她给我讲了整整四年的故事都还没讲完。我震惊于她那颗脑袋里珍藏的故事之多，简直让我喜出望外。而且她每次讲起来都绘声绘色，让我立刻跟着她的语言，进入到那个氛围中……有一次，讲到“一个三岁小孩的故事”，把我吓得头皮发麻，起了一身鸡皮疙瘩，我感觉头发梢都快竖起来了，那可是在大白天啊！

你想知道这个“三岁小孩的故事”吗？我不想吓唬你，但是很明显，你被这个故事里面的故事再次吸引了。通过我给你讲这个故事，你深深地记住了——原来刘老师的媳妇是个善于讲鬼故事的人，而且刘老师还有点胆小呢！同时，你也许现在还很想知道那个“三岁小孩的故事”。

你看，通过故事，我向你传达了很多信息，而且你毫无抵抗地阅读到这里！我们还是回到正题中来吧。

我们知道，知名品牌的背后都有一个故事被广为传播，像可口可乐、依云矿泉水、苹果产品、宝马汽车等，都是如此。对于我们来说，也是如此，我们自身也是一个品牌，你要有意识地去打造它。

故事是非常好的说服载体，你可以把想传达的信息，包括愿景、蓝图、理念等，都巧妙地揉合到里面。观察一下你所在行业中的专家，他们的特殊标签是什么？然后把这些借鉴过来，通过某种方式融入到你的故事和日常行为里。当然，你不要直接说，你要让人们通过故事去领会，去自己得出答案，但是这个答案是你想让他得出的，是已经通过故事情节设计好了的。

打造专家并非各位想的那么困难，只是以前没人告诉你怎么做。现在你知道了这些，按照这个思路去实践，在你的细分领域，你的影响力就会发生巨大的变化，你会惊喜于这些变化。

P.S. 现在想想，你应该有一个怎样的故事呢？你是如何长成现在这样的？你是如何修炼你的绝活的？你又是怎样借助绝活帮助别人的？这一切，都需要脚踏实地的实践。

▼ 把自己打造成行业专家的具体步骤

在告诉你这个步骤之前，我想先声明一点，你被别人“看成专家”和你“确实是专家”是有区别的。在商业领域中，前者是提供产品和服务的人，而后者是能够创造优秀产品和服务的人。

在你所从事的领域，你可能通晓几乎所有知识，但是如果在你的名字之后没有一个像模像样的、可信的称号或头衔，那么很少有人会信服你所说的话。

你要知道，如今的人们对很多事情都持怀疑态度。即使你真的为他们好，他们也会以为你别有用心，因为他们不知道你是谁，那么为什么要相信你？他们宁可采取保守的方式，也不愿意冒险一试，这就是我们现在生活的世界，怀疑的阴影笼罩了所有行业、企业、产品和服务。

根据我的经验，人们相信你的前提是他们愿意相信你。由此，大部分时间我们需要做的就是让自己成为一个专家，并且建立一个开放的信息沟通平台，在这个充满怀疑的世界里，提升自己的信用指标。

那么如何通过一些简单的步骤，将自己打造成某个领域的专家？下面是你可以参考的一些具体行动方案。

●加入某些权威性的组织，获得其成员的头衔。这些组织通常情况下需要支付一些费用（自从发明货币以来，任何问题似乎都有了解决的办法）。

●阅读你所在领域最畅销的5～10本书，你可以在京东、当当、亚马逊搜索，最后将每本书的内容总结为一两页纸的精华。

●通过张贴宣传海报，或者联系相关负责人，在离你最近的大学进行一次免费的分享讲座。通常情况下，学校对这种免费的讲座都不排斥。同时将讲座的现场通过视频或者照片的形式保存下来。

●在当地找一家知名的大公司举办同样的讲座，如果全国知名就更好了。在前期沟通的时候，要告诉对方自己曾在某大学也举办过同样的讲座，并提供照片或者视频剪辑作为证据。你还要告诉接洽人，你是某某组织的会员。一定要特别强调你的讲座是免费的，只是为了增加一些社交活动，绝对不是兜售任何产品或服务。在讲座进行的时候，同样录制好全程视频，以便将来刻录成DVD宣传。

●给你所在领域的相关杂志或报刊投递稿件，运用你在上述三个步骤中取得的劳动成果。如果你担心被拒绝，就多找几家，总有人愿意采纳你的建议。如果你提供的信息非常不错，那么他们会很欢迎你的稿子出现在他们的出版物上，实际上他们每天都在物色一些精彩的内容。

●同时不要忘了，建立自己的自媒体博客，不断将这些信息传递出去。你可以建立自己的网站，也可以运用现成的新浪博客、网易博客等社交媒体。

成为一个公认的可信度高的专家并不难，难的是你有没有这个想法和行动力。

另外，你要突破自己内心的限制。要想增加收入，你就得学会推销自己。就我本人来说，我一直不喜欢“专家”之类的称谓，也不指望自己能成为“某某大师”。我在这里谈论的“专家”，是指那些真正务实的人士。因此，你不要有心理负担，大胆去尝试即可。

第五章

聚能环之四：构建体系

好的方法，好的策略，会让你走在正确的路上，避开很多弯路。即便如此，你仍需一心一意，全力以赴。你应当做你能做到的一切来争取成功。

- ▲ 大幅增加收入的沟通技能
- ▲ 你的目标就是锁定对方的大脑
- ▲ 真正的说服力和影响力
- ▲ 搞清楚人们到底想要什么
- ▲ 人类八大先天欲望
- ▲ 人类九大后天需求
- ▲ 六大影响力武器
- ▲ 有激励作用的恐惧因素
- ▲ 时间管理黄金法则

▼ 大幅增加收入的沟通技能

以职场为例。统计显示，在工作中，有30%的人与上司关系很好，容易沟通；58%的人与上司关系一般；10%的人与上司关系不好，经常背后抱怨；2%的人与上司经常有冲突。

可见，有一大部分职场人士，在与老板或上司相处的过程中，缺乏有效的沟通，并由此带来了很多困惑、无奈，甚至消极的情绪。这不仅严重影响了工作效率和效果，也会伤及自己的生涯前程。如何高效沟通，是决定生涯发展的关键因素。

沟通能力到底有多重要，我想已经不需要说太多了吧？你取得别人的信任，获得一份收入丰厚的工作，谈成一笔大买卖，甚至找到一个好伴侣，等等，所有这一切，都要仰仗它。

关于沟通，虽然有很多技巧，但是我首先要讲的却不是技巧，而是尊重和感恩。

在我写作这本书的时候，忙里偷闲看了“中国好歌曲”的第一期节目。电视画面中，看到霍尊的中国风音乐让刘欢老师感动得流下了眼泪。作为一个音乐外行，我还感受不到这首歌曲有多“催泪”，可就在我刚要关掉电视的时候，却听到一位来自云南的歌手——周三，唱着一首“简陋”的歌曲。一开始我在心里还有点“嘲笑”他口齿不清，但是听着听着……我的眼睛湿润了。

他离场的时候，刘欢老师说了一句话：“这个太难得了，这么浮躁的社会，有人这样唱歌。”

是的，我希望我所有的读者，在这个浮躁的年代，要对人——保持最原始的尊重，发自内心的！要经常提醒自己这一点，因为我们很容易就自我迷失了。

每个人都需要被尊重，因此每个人都应该用自己柔软的心灵去发自内心地尊重身边的人，你收获的将会是机遇和感动。

这是人与人之间沟通的“魂”。失去了灵魂，再多的技巧也帮助不了你。我常说，这世界谁都不傻，懂得真诚地尊重别人，是你最好的名片。

说到感恩，我想与你分享一个故事。这个故事是我偶然间在搜狐新闻上看到的，因为它太精彩了，所以我一直珍藏在我的私人文档中，今天拿出来与你分享。

美国某城市有一位史蒂文斯先生，有一天他突然失业了。史蒂文斯是一名程序员，在软件公司做了8年。他一直以为将在那里做到退休，然后拿着优厚的退休金颐养天年。

然而公司却突然倒闭了。史蒂文斯的第3个儿子刚刚出生，重新工作迫在眉睫。然而一个月过去了，他没有找到工作。除了编写程序，他一无所长。

终于，他在报纸上看到一家软件公司要招聘程序员，待遇不错。他拿着履历满怀希望地赶到公司。应聘的人数超乎想像，很明显，竞争将会异常激烈。经过简单交谈，公司通知他一个星期后参加笔试。凭着坚实的专业知识，笔试中他轻松过关，两天后面试。他对自己8年的工作经验无比自信，坚信面试不会有太大的问题。

然而考官提问的，却是关于软件业未来发展方向的问题。这些问题他从未认真思考过，因此他被告知应聘失败了。

史蒂文斯觉得公司对软件业的理解令他耳目一新，虽然应聘失败，但他感觉收获不小，有必要给公司写封信，以表达感谢之情。于是他立即提笔写道："贵公司花费人力、物力，为我提供了笔试、面试的机会，虽然落聘，但通过应聘使我大长见识，获益匪浅。感谢你们为之付出的劳动，谢谢！"

这是一封与众不同的信，落聘的人没有不满，毫无怨言，竟然还给公司写来感谢信，真是前所未闻。这封信被层层上递，最后送到总裁办公室。总裁看了信后，一言不发，把它锁进了抽屉。

3个月后，新年来临，史蒂文斯先生收到一张精美的新年贺卡。上面写道："尊敬的史蒂文斯先生，如果您愿意，请和我们共度新年。"贺卡是他上次应聘的公司寄来的。原来公司现在出现空缺，他们想到了品德高尚的史蒂文斯。

这家公司就是美国微软公司，现在闻名世界。十几年后，史蒂文斯先生凭着出色的业绩一直做到了副总裁。

很精彩，不是吗？

虽然人人都知道感恩是一种美德，然而在一个日益商品化和市场化的社会中，在一个金钱变得几乎无所不能的环境里，我们似乎正在忘记感恩。

如果以感恩的心态面对一切，即使遭遇失败，人生也会变得异常精彩。

感恩，是富裕的人生。感恩是一种深刻的感受，能够增强个人的魅力，开启神奇的力量之门，发掘出无穷的智能。

感恩，是幸福的起点，也是努力奋进的动力！因为感恩，所以结缘。

我希望你在学习更多的技巧之前，先关注真实的你，关注尊重和感恩。接下来我要给你的，是你很难在别的地方学习到的知识。虽然这些知识躲在这本书的内页里，而且这本书也不会被每个人都看到，但它确实是很多人愿意花费高价去获取的东西。

▼ 你的目标就是锁定对方的大脑

没错，从某种意义上来说，人与人之间的沟通，其实就是大脑与大脑之间的信息交换。无论你说什么，做什么，最终，如果不能说服对方那颗高速运转、变幻莫测的大脑，你做的一切都属于无用功。你可能觉得我有些偏激，但这就是现实。现在生活节奏很快，别人没有那么多时间耽误，与人高效沟通，并尽快获得你想要的结果，是工作中极为关键的要素。

在开展有效沟通之前，一定要锁定对方的大脑，然后你才能真正运用人性的力量去激活它。

如果你认为我要告诉你的沟通是那些随处都能看到的东西，那就大错特错了。我要为你解码大脑，以及现象背后的人性。只有懂得这些，你才能真正提高沟通水平，塑造真正的说服力和影响力，才能增加你的收入。

等一下，我刚才说什么？增加收入？没错！换句话说，我分享的，是能够很现实很直接地增加你收入的沟通技能，而不是普通意义上的沟通。你只要认真看下去就明白了。

▼ 真正的说服力和影响力

“说服力”、“影响力”，现在，如果这两个词把你吓得坐不稳的话，你大可以合上书本，找张床躺下睡觉了。真的，也就是说，这本书不适合你。

我刚刚对你使用了一个小小的沟通技巧，继续阅读，我还会教你如何运用它。你看，对于很多人来说，这两个词语，会让人联想到控制别人的思维和行动。

事实上，你和我每天都在受这些技巧的影响。如果这些技巧被用于正当的事情上，那就是合法的，符合伦理和道德的。否则，对你来说就很危险。

现在我来问你，当你走进一个新楼盘，你认为，你只是在和销售代表进行日常对话吗？很遗憾，不是！其实你正与一位专业的销售人员，一位沟通策略领域的大师博弈。他的目标是把你从一个“参观者”变成“购买者”，他正打算用他的沟通技术，让你掏出你的钱包，购买一套房产，然后用提成支付他美味的晚餐，或者一辆新的宝马轿车。

不要以为销售代表吃饱了没事干，愿意跟你闲聊，陪你欣赏塑料制成的漂亮模型，为你端上用精致纸杯盛装的纯净水，痴迷地打量围绕在周围的湖光山色。算了吧，你不知道的是，那位态度友好的“朋友”，正在像阅读一本书那样阅读你，分析你，解码你的大脑，你的喜好，你兜里到底有没有钱……

不管喜不喜欢，他都在把你拉扯进一个非常有影响力和说服力的流程。这些流程都是根据你的每一个反应制定的，而你甚至都没有注意到！（我刚才为什么要说“拉扯”，而不是“带你”？我是故意的吗？啊哈，是的）。如果你说 1，他会说 2；如果你说 3，他就会蹦到 4。你的每一个举动，都在他的预料之中。

永远记住，他的目标不是要和你成为朋友（他希望你是），也不是要不断地用好听的声音和语言浪费时间。他的目标是——让你签下一份绝对的、有法律约束力的合同，那是让你在未来十几年、二十几年苦苦奋斗，但是能为他的口袋塞钱，为身上增加漂亮衣服的事情。

你不用担心，这就是沟通的核心目的——成交某件事情（什么事情不重要，重要的是能否成交）。

你学习沟通的技能不是简单地为了博取别人欢心吧？你是为了说服别人听从或接受你的建议，并保持良好的关系。就好比那个售楼中心的你一样，大多数人对沟通背后那些强有力的策略和心理学方法一无所知！他们大多都只是研究市面上出版的那些“花拳绣腿”。猜猜怎么着？他们毫无进展。

你听到别人对你说的那些话，包括要求、建议、广告等，绝对不是简单的一堆文字和声音，它们是各种沟通策略的精致结合体，目的在于对你的想法和行为进行转变。

你知道吗？许多专业的沟通专家，经常为那些顶级人士提供咨询，帮他们说出或写出对你的心理，甚至是对你的潜意识产生巨大影响的语言。是的！但是别担心，这就是沟通的关键所在。

如果想提高沟通能力，绝对不是简单的凭借尊重、口吐莲花、表达流畅就能实现的，而是要对人类的心智进行研究，在对方的大脑里展开迂回包抄。换句话说，你得往沟通的“祖坟”上刨。

“但是我只想做个善良的人，刘老师，我不想影响或说服任何人！”

不得不说，你这种想法有点天真。我会证明给你看。

假设你是一家蛋糕店的老板（不管你从事的是哪种工作，房地产、律师、网站设计、医生、经销商、掏马桶，还是其他，都一样），如果你真的不想说服任何人，那么你为何不直接把蛋糕摆在那里，不做任何宣传，有人进来你也一句话都不说呢？

如果你去应聘新工作，试试进门之后只是瞪着一双祈求的眼睛坐在那里，看看能不能神奇地得到这份工作？

我想，你这辈子都不会这么干！

你不想让别人亲自决定是否要购买你的蛋糕，你要替他们做决定，这就是劝说性质的沟通。你宁愿自己告诉他们对你的蛋糕感觉如何，对你感觉如何，这就是影响力。结果是，他们买了你的蛋糕，他们雇佣了你，这就是你要的结果，这也是劝说和影响的最终结果。

研究人们心智、大脑的思维方式和心理过程，去提高你沟通的效果，并不违背道德。这样做的结果能告诉你——

- 人们想要什么。
- 人们的需求是什么。
- 人们为何会有某些想法和行为。

一旦你知道了这些，就可以——

- 更好地了解和说服别人，取得沟通的胜利。
- 影响人们去按照你的想法行事。
- 让你被更多人接受、认可。
- 为人们的生活增添更多精彩的内容。

看到没有，它其实并没有那么坏，是吧？如果你本着真实、善良、有益于他人的出发点，对他人施加劝说和影响，就没有任何问题。

如果你使用阴谋诡计坑害别人，那么你需要的就不是沟通的策略，你需要一点道德。

最重要的是，如果你在沟通中太过胆怯，就像很多人那样，我会教你如何大大提高你的勇气。准备好全力以赴了吗？

▼ 搞清楚人们到底想要什么

很多人在有效沟通方面浪费了大把的时间和金钱。他们一半以上的话被人忽略，左耳朵进，右耳朵出。“这怎么可能？”他们很疑惑。他们自认为说得很精彩，他们从一些非同寻常的角度，展示他们的优势，以及那些自认为足够吸引人的想法、观点，并介绍他们自己，以及他们的产品和服务。

你猜怎么着？人们一点都不关心你说的话。他们不关心你的优势，压根不想知道你住在哪里，或者你的办公室有多大。他们也不会关心你的制造设备有多高级，或者你有什么“令人吃惊的超能力”，或者其他任何你自认为还不错的废话！

相反，人们最关心的是（注意：这是非常重要的一个意识转折点）——他们自己！

他们关心你能为他们做什么，你能如何让他们的生活变得更好，更幸福，更满足。很出人意料吧？可是亲爱的读者，这难道不是常识吗？如今每个人不都是这样吗？

嗯，我这么说可能看起来有点偏激。但观察一下你的周围，你将发现，我们所认为的常识，现在显然并非如此。如今大多数人仍然没有领悟到一条基本的沟通教训——人们不关心你在说什么，更不关心你，他们仅仅关心自己。

要想了解如何高效沟通，我们应该了解人，并对人性有敏锐的感觉。我们应该知道人们的思考方式以及生活方式，并熟悉影响他们日常生活的准则和习惯。我们应该全面了解他们的需要和需求，并能够区别这两个概念。我们要去获得用于高效沟通的经过验证的心智原理。

我将为你提供一些基本的心智原理，等你明白了它们的作用后，我会教你一些便于使用、鲜为人知的提高沟通水平的技巧，其中许多都将运用到这些原理。最棒的是，我还会告诉你如何把它们应用到你的沟通中去，使你的说服力和影响力大增，并且能增加你的收入（后面我会告诉你如何运用高超的沟通能力，大幅增加你银行账号上的数字，但首先你要认真阅读下面的内容）。

P.S. 忘了你之前学到的其他所有沟通知识和技巧吧，以下才是你的沟通对象真正想要的。

▼ 人类八大先天欲望

人类有八种强大的欲望，它们产生的说服力和影响力，比其他所有人类需求加在一起都多。研究它们，使用它们，你将受益终生。

这些欲望是人类天生就带有的，是最基本的本能——

- 生存，延长寿命，享受生活。
- 享受美食和饮品。
- 消除恐惧、痛苦、危险。
- 舒适的生活条件。

- 比他人优越。
- 关心和保护爱的人。
- 社会认可。
- 性关系。

谁会反驳这几点？我们都想要它们，不是吗？但是在你的沟通过程中，特别是在兜售你的产品或服务的沟通中，有多少是诉诸其中一个或几个的？我猜即使有，也很少。为什么我如此怀疑呢？就因为不可能有人教过你这么去做。

看好了：在根据其中任何一条欲望建立你的沟通策略时，你是在利用这个世界上最神奇的力量，尝试去探索使他人频频点头的最本质的东西。瞧瞧，你无法摆脱这些欲望，你一出生就具备它们，它们将会一直陪伴你，直到你不情愿地离开人世的那一天。比如：

- 如果你是个正常人，你能抑制住活下去的欲望吗？
- 你能摆脱吃饭喝水的欲望吗？
- 你能不关心自己孩子是否在学校被满手泥巴的坏同学欺负吗？
- 你能忍受邻居开着豪华奔驰，而你只开着一辆三天两头抛锚的二手车吗？
- 你心甘情愿地看你的同学一个个小有所成，而自己还在为一天三顿饭苦苦挣扎在流水线上吗？

你不需要打破脑袋深入研究，就能马上回答这些问题，因为答案非常明显。这些欲望是我们每个人与生俱来的，它们是我们作为人类的组成部分，是强大的激发因素。你可以在沟通中充分并灵活地利用它们，就像把水龙头打开一样容易。

当你能够随心所欲地利用这些内在欲望的时候，你就能驾驭那每一天、每一秒钟都在驱使着人们无法停止的感情冲动。

▼ 人类九大后天需求

也许你看过上面罗列的那八大欲望之后，还不甚满足，你还想要更多。你当然想要了，因为我们还有许多其他需求。我们想要美味的食物，靓丽的外表，像公牛一样结实的身体，更高水平的教育，超高的做事效率，物美价廉的商品等（难道你不想）。就像《易经》有先天八卦和后天八卦一样，这些都被称为后天需求。

下面列出九种人类的后天需求——

- 有学问，消息灵通，知道很多人不知道的信息。
- 充满好奇心。
- 周边环境和身体整洁。
- 高效率。
- 高质量和高可靠性。
- 展示美和风格。
- 经济效益或者利润。
- 折扣或特价。
- 方便、快捷、简单。

这些需求都很强烈，人们每天都被这些需求吸引着，被一次次地说服和影响着。但是和人类的先天需求相比，它们的吸引力相差甚远。这些需求并非是天生带来的，而是我们后天养成的。它们不像先天需求那样，如影随形地铭刻在我们的潜意识中。作为影响力工具，它们没有先天欲望那样富有无法抗拒的号召力，因为我们没有一定要满足它们的天性。

说到欲望，与生俱来才称得上是王道。没有什么比利用一个让你无法摆脱的欲望更有效。想想那些贪官污吏们，他们都是因为什么原因倒下的？难道他们不知道自己所做的事情后果严重吗？谁想做万人唾骂的罪人并锒铛入狱呢？

没错！但比起这些让人无法抗拒的欲望，他们却能不顾一切。

现在想一想，你会对哪条欲望首先作出反应？是购买一件新西装、漂亮衣服，还是逃离一栋被地震摇晃得即将垮塌的大楼？如果你是单身，那么是整理你那凌乱的卧榻之地重要，还是更想和那个让你魂牵梦萦的美女一起共进晚餐？你会先去保护你的另一半免受公交色狼的袭扰，还是忽略她，转而去买这本书？答案很明显。

先天欲望的有趣之处在于，我们不知道，甚至怀疑这些欲望的神奇之处。我们只想要它们？不是的，我们必须拥有它们。不管做什么，我们都无法摆脱它们。再说一次，它们牢牢地刻在我们每个人的潜意识里，我们的身体里。

如果你能在每一次的沟通中使用它们，你就是在利用人类心理和大脑本身的核心结构去影响别人。

我举一个例子，告诉你如何运用这些欲望去挑逗人们的神经。

如果你是一家冰淇淋店的店主，你就应该知道如何运用视觉性语言，让你的客户感受到真实地品尝你家冰淇淋的感觉，在他们的脑海里演示这个嗨吃的过程，然后他们才会掏钱购买。这种间接体验的娱乐感是说服的起点，而你必须让这件事情在他的脑海中发生（你得仔细思考一下这句话）。在大脑中想像你感兴趣的东西，会增加你对它的欲望。

作为店主，你应该知道，有一批好吃的家伙，他们整个上午都在想着中午下班之后，要买一个巨型巧克力冰淇淋，上面有两大勺薄荷味巧克力，坚果碎屑，外层是松软的生奶油，上面还有颗红彤彤的樱珠，他们肯定想拥有它。最后，如果该欲望足够强烈，他们会冲进你的店里，采取某种行动，使薄荷味巧克力冰淇淋、坚果和大樱珠滑进肚子里。如果他们在品尝时非常激动，还有可能洒到大腿上（这充分说明这群吃货到底有多馋嘴，但是没有他们，你就该关门大吉了）。

再看一遍，注意我的选词方式是如何使你想像冰淇淋、坚果和鲜红的樱珠滑进肚子里的情景的。如果我只是说："他们会购买，并吃了它"，那你大脑的屏幕上就会——"扑哧！"——一片空白。这一点非常重要，你传达的意象和画面越少，你的信息在消费者脑海中所占的空间就越少，说服他们购买的可能性就越小。

你明白我的意思了吗？

在沟通的过程中，你要给他们"放电影"，在他们的大脑中放映一部精彩的好莱坞大片。当然，你还要在听觉、触觉、视觉、嗅觉方面对他们慵懒的大脑进行刺激。你可以按照这个思路来加强你的语言表达，以具备富有说服力的语言表达功力。

下面我将给你分享六大影响力武器，这是说服的捷径。通过这六条路径，你的沟通能力将有一个质的飞跃。

▼ 六大影响力武器

社会心理学家罗伯特·西奥迪尼是个非常聪明的人。他在撰写《影响力》一书时，花费了长达三年的时间，暗中做了各种各样的实验，观察影响力的效果。从电子营销者到二手车销售员，他研究了能激励人们赞同的词语和行为，从而提炼出影响力模型。该模型就是下面要与大家分享的六个有助于说服人们的"影响力暗示"。

这些暗示是心理捷径，在许多不同的情境中都很有效，尤其是当你的沟通对象还没有经过仔细、认真的思考时。

这六个暗示是——

- 比较：同类群体的力量。
- 喜好：平衡力量。"我喜欢你……我认同你的观点，听从你的建议"。
- 权威：打开信赖之门。

- 互惠：得到了什么，回馈什么——有利的东西！
- 承诺和一致：围墙技巧。
- 稀缺：机会难得，过期不候。

暗示一：比较

我们先来看看“比较”。它类似于群体劝导，或者从众效应，而且是你沟通武器库中一件非常有效的利器。“别人都在这样做，你为什么不？”这一问题能对人们的心理产生很大的影响。心理学告诉我们，没有人喜欢被忽悠，我们都受到从属需求的驱动。如果某人看到其朋友、家人或同辈人穿着某件时装，在汽车上贴某种贴纸，或者喝某个具体品牌的啤酒（如青岛啤酒）时，就会产生巨大的压力，促使他们从内部到外部都想去模仿。

作为说服者，这是天赐的良机。如果你能成功地传达出信息，让人们觉得你提出的选项是他们应该选择的，那么自这种思维方式形成后，你的说服能力将有一个很大的提升。

暗示二：喜好

事实上，“喜好”是指“因为你喜欢我，所以你应该照我说的做”。只要你能与对方产生共鸣，这个暗示就会有效。

比如，当你喜欢的一位同事冲进你的办公室说：“嘿，我女儿二丫正在为贫困儿童集资买棉衣——你能给她点赞助吗？”晕，她说了三个要点：女儿、贫困儿童、请求你。你完蛋了，直接在表格上签名，手摸向了钱包。

“不要凭借该书的封面去判断这本书”是个理智的想法，但是当人们直视自己认为漂亮潇洒的人时，他们就是无法做到。许多心理学和社会心理学实验表明，外表光鲜漂亮的人，对其他人的影响比较大，而且会让人觉得更值得信赖，更令人喜欢。怪不得杂志、报纸、广告中到处都是性感的女人漾着幸福迷人的笑脸呢。

看上去越好的，就越会被喜欢。

所以在保持迷人微笑的同时，你的衣柜里也要有几件像样的衣服。另外，你还要追求优雅的性格。瞧，你要做的其实还有很多。总之，你要努力让别人喜欢你，而不是一提起你，众人就纷纷皱眉。

记住，关键是“喜好”。你必须让人喜欢你，该方法才有效。这个方法可以被任何人使用，无论是在街角发传单的人，还是在为广告做代言的明星，又或是上周日晚上跑到你家里催促你尝试安利产品的朋友。

暗示三：权威

许多产品跟医药没有半毛钱的关系，但是销售代表会找来一些代表权威的“穿白大褂的人”做宣传。就像人们相信医生一样，他们也会认可广告中任何有官方气派的人的权威性。

这是典型的外围劝说途径的作用方式，使用官方的、巧妙的权威感去说服。即便观众知道这些人就是演员，但他们扮演的医生角色树立的强大权威感，仍然能说服观众。

这个暗示如此有效，以至于很多假军官、假警察，仅仅凭借一身衣服就能招摇撞骗，获取不义之财。前段时间，在临沂兰陵县，居然还有胆大妄为者穿着军装去公安局捞人。一开始公安干警们对这些人以礼相待，后来因为他们嚣张的举动而被识破。话说回来，如果他们没有穿军装，就这样在公安局大呼小叫的话，估计不出两分钟，就会被我们神勇的人民警察摁倒在地了。

想一想，在你的沟通经历中，特别是在你向你的潜在客户兜售你的服务或产品的时候，什么样的权威会受到他们的尊重？要竭尽全力去获得能影响他们的“权威”，然后得到允许，把这个人的形象用在你的每一次沟通中。你可以用一系列摧枯拉朽的具有强大说服力的事实、数据和看上去很专业、很科学的图片，那么权威暗示就能帮你赚大笔的钱。

或者，你也可以把这个方法灵活运用到日常生活的沟通中来。有一个成语，你小学一年级就学过的，叫做“狐假虎威”！

你瞧我都说到哪里去了，其实我的意思是，你要在正式的沟通过程中更加职业化。说得更直接一点，无论你做什么，都要有做那行的样子。这样，你讲出来的话本身就会具有权威感。

P.S. 你很难想像一个医生穿着睡衣坐在那儿给你号脉，那样你会对他产生严重的怀疑。你甚至会告诉所有的朋友，那家伙是个水货。在你还没有功成名就的时候，你最好不要挑战人们的认知底线。

暗示四：互惠

有一次在临沂大学做分享，我问一位同学：“你很有礼貌吗？”

“当然了！”他迅速回应到。

我接着问：“OK，那么当某人给你某样东西或好处的时候，你怎么做？”

“我诚恳地说声谢谢。”他说。

我又问：“是的，那么你感觉还必须要做什么？”

“嗯，回赠他们某样东西！”他脱口而出。

正是如此。

这是“互惠”这一心理暗示的根本基础，它是很多沟通专家的最爱。它为何有效？因为当有人给了你某种好处，并且你接受了它，那么按照社交惯例，你现在有义务回赠某物，否则你心里会感觉不舒服，总觉得欠别人人情。

这里有一个熟悉的例子。在许多大型机场，某些宗教团体的成员可能会递给你一支玫瑰花。你一旦接受了这份免费的礼品，他们就会请求你给予捐赠。由于你已经接受了礼物，你就被迫要去遵从，不然你会觉得内疚和不安，你拉不下那个脸去拒绝。这是一种欲取先予的心理策略。

现在你意识到了，你也可以运用它，让它为你服务。

你能给予别人什么？我不是指某些垃圾小玩意儿，比如一个便宜的钥匙扣或烟灰缸。你要给予别人真正的价值，你要能够让别人惊呼（也有可能是心里暗暗赞叹）：“哇！他/她真体贴周到！”

你知道为什么男人们在沟通的时候都喜欢递上一支烟吗？因为一旦你接受了别人递给你的那支烟（越高档就越有感觉），那么接下来，你的态度就会不自觉地温和起来，并且愿意听他唠叨几句，因为这个动作让你觉得横眉冷对是一种失礼。

不管你是谁，都能通过免费赠送某样东西，或提供某些有价值的信息，让互惠发挥魔力，把仅仅是普通关系的人，迅速转变成亲密战友。

P.S. 这个原理几乎每天都会被运用在各种各样的情境下。问题是，你运用了吗？

暗示五：承诺和一致

在迪斯尼非常受欢迎的幽灵鬼屋中，一个恐怖的声音传来：“看看你的周围，你的理性思维无法否认，这个屋子没有窗户，没有门。要想找到出去的路……非常困难！”（恶魔般的狂笑随之四面传来……）

这是“承诺和一致”暗示的目的，该暗示也叫做“围墙”技巧。暗示的目的不是要把你吓跑，而是把你围起来，让你停下脚步，并要求你证明自己的承诺。

“承诺和一致”暗示表明，如果你在某个问题上表明某种立场，你就必须一直和你的信念保持一致。这是一个非常强大的心理战术，在对个人使用时会更加有效，因为该暗示依赖的是社会压力的驱动。

比如，某个人敲你的门说：“你好，你愿意在我的‘帮助减少小区犯罪和增加街道安全的请愿书’上签字吗？”显而易见，这种对你自身也有好处的事情，你不会拒绝，于是你果断签名了。那么现在，你已经对那个“合理的立场”白纸黑字地做出了承诺。别人期待你能和它保持一致，你自己也会这么做。

当请愿者接下来说："很好，谢谢你的支持。现在，能否请你捐赠 20 元人民币？因为我们需要购买两用无线电设备，来监视小区进进出出的人们的一举一动。"

呀！你被围起来了，我的朋友。现在，你只能倒吸一口凉气，从口袋里掏出你的血汗钱交给他。你就像只被用于实验的小白鼠，你的行为和他们预料的一样。

如果你一开始并没有接受请求在请愿书上面签字，现在你不想掏钱出来，那么就会容易得多。但是因为你签名了，所以请愿者已经事先把你围住了。很自然，下一步就是让你掏出你的血汗钱。瞧瞧你自己是多么无辜啊！募捐者走后，你还在嘀咕："刚才发生了什么事情？"接着你就有点想骂人。不过你也做了一件好事，不是吗？

这里面还有一层含义，大概的意思是："好，你已经表明了你的立场，我们现在看看你是否会支持你自己表明的立场。"如果你不这么做，你就是虚伪，你就是在噼里啪啦地扇自己的嘴巴！这就是为什么你无法拒绝捐赠的原因。

再问你个问题，你害怕独自一人走在空旷的大街上吗（特别是，如果你是一位漂亮女生）？难道你不希望有个简单的办法来保护自己，预防抢劫犯和其他危害人身安全的卑劣人渣吗？想想看，那些你经常在新闻和报纸上看到的作案情景，街头混混儿直接出现在你面前，拿着一把匕首，抵在你的脖子上，并以威胁的口吻问："你有零钱吗？"

想想你当时的惊恐吧！如果有一个安全、有效、简单的方法，能够立即阻止这些恶棍攻击你，你想知道吗？即使是最野蛮的，体重有 200 斤以上的，满脸是刀疤的危险恐怖分子试图去恐吓，还有可能伤害你和你的爱人，你也可以在一瞬间完全制服他的一个方法？现在，请给我五分钟的时间，让我给你介绍一下这个神奇的方法……

看到没有？我又一次成功把你围住了，你在阅读上面内容的时候，会不断地回答“是的”，“是的”，“是的”，“我想知道！”随着每个场景的出现，你的兴趣和欲望也在逐步增加。那么我接下来要告诉你的答案，作为实现你兴趣和欲望的解决办法，就会顺其自然地呈现给你。

这就是该暗示的主旨：让你不断地回答“是”。如果你的每次沟通，不能让别人默默回答“是”，那么你的沟通结果将变得一塌糊涂。

暗示六：稀缺

这是最后一个暗示——“稀缺”。如果我除了告诉你参加我辅导课的所有好处以外，我还说：“我的生涯发展一对一辅导培训每期的名额有限（事实也是如此，因为我精力确实有限），而且还要通过非常严格的审核，因为我不想让那些缺乏行动力的人进来！”那么它就会变得更加令人渴望。

为什么？很简单，我们想要拥有自己无法拥有的东西。我的特训辅导会给你很多在其他地方都得不到的绝密信息和资料（可能价值上百万元），以及只针对你的，切实可行的执行方案和步骤，与其他任何公开的培训都不同。更重要的是，我会贴身辅导你。这样好的机会你很难找到。据我所知，那些隐形高手都不愿意做这种事情，所以这确实是个很难得的机会。

看完我说的这些，你心里是不是开始痒痒了？再次原谅我吧，推销是我的本能，但是你也明白了“稀缺”对人的影响了，不是吗？

1983 年，椰菜娃娃在美国曾经风靡一时。人们疯狂抢购这些丑陋的，脸部由塑料制成的娃娃。他们咒骂着，尖叫着，争吵着，奔向展品台，就像拱进百货商店的野牛。一群非常无秩序的人为了购买 100 个限量发行的椰菜娃娃而苦等 8 小时后，开始骚动起来，争相闯入店中。经理挥舞着一个棒球棍，让疯狂的顾客保持秩序。

这些椰菜娃娃的成功，带给生产商始料未及的惊喜。事实上，是他们的产量无法满足市场的购买需求。正是因为如此，稀缺效应深入到购买者的意识中去，并且反过来，使需求进一步增加了。

这个故事告诉我们，如果你无法拥有它，你就会非常想要得到它。就像大巴车上的扶手，虽然你一般不会使用，但是一旦有人坐在你旁边并开始使用它，看上去很享受、很惬意的样子，你就会突然有种强烈的欲望，不知怎么地想要把它“据为己有”。你感觉就像是他们拿走了“你的扶手”一样，而且这个念头会一直困扰着你，直到你到达目的地。

但是当你有了它时，你就不想要它了。我们人类的这一特点真是非常有意思。

稀缺原理常常体现在沟通技巧的使用上，比如“限量销售”、“先到先得”、“截止到明天上午12点30分”……所有这些都让人觉得时不我待，从而增强行动的欲望。这一技巧的成效非常显著。

我就经历过好几次汽车销售顾问对我使用稀缺暗示。他们告诉我：“这款颜色的奔驰汽车近两个月才进了一部。这款颜色本来非常抢手，所以都要预订，而且要等很久。但是这一台车刚好是个例外，而且如果不出所料，明天这个时候，就会有另一位先生坐在这个舒适的驾驶座上了。先生，您看要不要先付定金？”

虽然我知道这小子在对我使用这个策略，但是我确实喜欢这个颜色，而且我认为他的逻辑也很合理，万一他说的是真的呢？为了抢先一步，我“上当”了！

▼ 有激励作用的恐惧因素

我不是要你吓唬任何人，但是你可以合理地利用这个沟通因素。看看下面这些案例，你就知道我的意思了。

案例一：你的家是垃圾场

你的家是垃圾场，家里充满数百种有害细菌。当你的孩子嘴里叼着塑料玩具，在厨房的地板上爬来爬去时，这些细菌就会传染你无辜的孩子。千万别笑，你知道吗？在不到24小时内，一个该死的细菌会滋生出800多万个细菌。这些人类肉眼看不到的各种各样的细菌，可能会造成各种各样的疾病，从脚癣到腹泻，从普通感冒到致命流感，乃至脑膜炎、肺炎、鼻窦炎、皮肤病、咽喉炎、肺结核……

解决方案："彦杰牌"消毒喷雾，能迅速杀死家中经常触摸表面99.9%的细菌。每瓶只要20元。

案例二：别让你心爱的狗狗成为下一个受害者

你的狗狗可能是美容师那可怕套扣的下一个受害者！这种"刽子手"一样的装置，其作用是在为你的"贵宾"修毛时，把它拴在桌子上，防止它们乱跑。这非常安全，如果它不踩到桌子边缘的话。但是如果你心爱的狗狗走错了那一小步，天呐，它的脖子就会在坠落的一瞬间被狠狠勒住，就像被刽子手悬吊在树枝上的土匪一样。

解决方案：给"彦杰狗狗美容公司"打电话吧，我们会充满爱心地为你的狗狗美容。我们的美容师都是一些连踩死一只蚂蚁都会心疼的善良女孩，而且她们的手法经过专业培训，绝不会使用任何危险装置——比如像刽子手一样的套扣，那都是经验不够丰富的美容师才会冒险使用的。

案例三：你的床是昆虫滋生的游乐场

不管你多么频繁地清洗你的床单，甚至那可怜的床单已经被你洗得发白、掉色，你知道吗，你的床仍然是昆虫滋生的游乐场。

你的枕头和床褥上面，数万只可怕的蟹足状螨虫在不断地产卵，使你和你的家人常年过敏。当你熟睡的时候，它们就会醒来，开始在你身上爬行，吃你的皮屑，喝你身上的水分。

更糟糕的是，你可能还不知道，一个用了两年的枕头，其中10%的重量是死了的螨虫和它们的大便。这意味着，你和你的家人每天晚上都睡在昆虫的厕所中，被他们的身体、尸体和臭烘烘的粪便包围和覆盖。

解决方案："彦杰牌"防螨虫床单和枕套，避免让你的床成为大批螨虫的游乐场，帮助减少尘螨滋生引起的各种过敏和疾病。这种特殊的材料，经过严格的加工后，其小孔会阻止极小的螨虫进入你的床褥产卵、繁殖。你和你的家人会享受真正舒适的夜晚休息。而且价格便宜得让你吃惊——一套仅需 380 元！你可以登录 www.liuyanjie.com 找到它！

P.S. 以上案例是我为了让你体会到这个“恐惧因素”的效力而杜撰的。事实上，我的网站不卖这些产品（此刻你可能会非常失望，你被以上引用文字吓怕了，你感到迫切需要拥有这样的产品）。我的网站提供的信息是为了避免让你在未来五年或十年过糟糕的生活，避免让你一想到未来就只能强装淡定，感到无助，大把地掉头发，厌食，半夜惊醒，疲惫不堪……

小结：恐惧因素，它能激励人们，催促人们，驱使人们采取行动。事实上，60 多年来，社会心理学家和沟通专家一直在研究它的效果。不管是销售一块面包（这似乎不太令人恐惧，直到你告诉他们，研究显示精致白面可以致癌，而你的面包是粗粮做的），还是跟人描述一幅画（展示有多少投资高手因为一个疏忽而购买了价值上百万元的垃圾赝品）。

只要你合理诉说，恐惧就能促使人们采取行动，你的沟通就会有结果，你就能卖出东西，换来美食，你就能……

但是它为何有效？两个字——紧张。恐惧造成压力，而压力创造做某事的欲望。错过一次交易，可能让你的工厂损失惨重。在你的职业生涯中，如果没有一个系统的规划和实施的步骤，并辅以真正的技能，就有可能让你在未来五到十年徘徊不前。再过十年，你将一事无成，变得与你毕业时想像的样子有天壤之别。

选择了不合适的轮胎，会让你在高速公路上奔跑的时候莫名其妙地翻车或撞到护栏，还有可能燃起熊熊大火，而你居然来不及跑出来，因为现在的汽车都是自动落锁。

恐惧暗示着损失，恐惧展开了一副令人后悔的画面。它告诉人们，他们可能会遭受损失，可能会受到伤害，这威胁着人们对自身保护的欲望。因此受伤害的威胁是潜伏的、强大的诉求因子。

你可以将它用到你的日常沟通中去吗？是的，如果你沟通的内容能够适当地解决某种恐惧场景的话。但是它符合道德吗？是的，只要你能够真正帮助到别人，能够解决别人的问题，可以消除他们的恐惧，就没有什么不对。

但是如果你制造了恐惧，但却没有很好的解决办法，你就是在给别人添堵，你的任何诉求都将败得很惨，很快你就会变成一个众人眼中的无聊分子，你会失去很多东西。

就像我在平台首页的文案中说的那样，如果你欺骗别人，你将树敌，惶惶不可终日。凭良心做事和耍手段所消耗的精力都是一样的。

当然，如果你正好想开一家宠物店，那么上面案例中的沟通技术，你可以把它用在你对进店客户的解说中，你的对外宣传广告中，你的服务小册子里，它将帮助你做得更好。这仅仅是一个小小的沟通技巧而已，你要学的还有很多。

关于高效沟通，我们就先分享到这里。你不要指望等你学会了所有的沟通技巧之后才去运用，否则你就不用开始了。你一定要边学习边运用，这样你就会开始进步。

P.S. 如果有时间，你可以去我的“赢家谍报”专栏学习更多秘诀，我会更新很多东西，那些都是你在别的地方花钱也很难获得的实战解析，你看了就知道。事实上，那是你的生涯发展宝库，建议你把我挂在那里面的所有“谍报”都好好保存，并打印出来研读。没人逼你这么做，但那确实是值得的！

▼ 时间管理黄金法则

现在，看看你的周围，很多人的生活乱成一锅粥，毫无头绪，无法聚焦，每天都在毫无意义地浪费时间和精力。这导致他们要么不知道该干什么，要么累得一塌糊涂却毫无结果。

天啊！很难想像，这样的工作模式和效率能让他们有什么大成就。同样都是碳原子，不会组合的就沦为铅笔芯，整日和黏土为伴；会组合的就是众人趋之若鹜的钻石，闪耀璀璨，备受追捧。

请问各位看客：“你有时间吗？”

“有！”

“没有！”

“有时候有，有时候没有！”

“嗯！嗯！嗯？”

我不关心你的答案是什么，但是我保证，很多人的时间都浪费了，还有很多人忙得没有时间。

老天在时间的安排上对每个人都是公平的。那么为什么同样的时间，成就了很多人，也堕落了很多人呢？

时间，因为看不见，摸不着，所以你不在乎。虽然你不在乎，或者你假装不在乎，但是它却无时无刻不在影响着你。

每个人都会正儿八经地告诉你：要珍惜时间！但是很少有人告诉你，如何高效利用时间。在他们的印象中，只要你不闲着，就是在奋斗，就是在努力。让我们面对现实吧，有多少努力，都随着一江春水向东流去了呢？

人们长期辛苦地工作，只是想赚更多的钱。但是每天忙得团团转，却无法真正变得富有起来。那些牺牲掉的休闲时间，它们的价值必须从你的收入中分文不少地扣除，而且常常跟周扒皮一样，比你所赚取的还要高很多。如果你只是为了赚钱而放弃休闲时间，就不可能获得真正的财富。

有一句很经典的话是这样说的：“大多数人整日只为养家糊口忙忙碌碌，却因此失去了发财致富的机会。”

天呐，这真是太讽刺了！

你也许开始糊涂起来："刘老师是在鼓励我们多休闲吗？多休闲就能变得富有？"

显然不是。我只是想说明一件事情，真正的富裕意味着能力，一种以少为多，不必付出相同程度牺牲的能力。举个例子，如果你能用 30 分钟解决别人 3 个小时才能解决的问题，那么剩下的 2 小时 30 分钟，就是你超越他们所创造出的财富或休闲时间。你不要小看这点时间，最好不要小看这点时间，因为这些时间累积起来，足够你重新学习一门技能并成为专家！

也就是说，我没有愚蠢地提倡你增加工作时间，而是告诉你要提高工作创造力和效率。真正的成功意味着你能获得更高的收入，但工作时间却和以前一样，甚至更少，少很多！

就如同我们提倡言论自由，但这不代表你就可以在人群拥挤的电影院大呼"着火了！"真正的自由并不是工作的自由，而是工作中的自由。也就是说，你必须遵循某种"规则"。这个"规则"就是——你必须有足够的时间去思考和学习，避免工作过多而筋疲力尽，甚至英年早逝（我夸张了点，但"过劳死"在中国早已不是什么新闻了）！

看看有哪些关于时间管理的"小秘诀"，可以让你借鉴和采纳。

了解你内心的指南针

关于这一点，有一些不幸的消息要透露给你，那就是，大多数人只关注是否在正确地做一件事（技术）。问题是，他们并不确定这件事是否是自己想做的。只有你知道自己想要什么的时候，你才不会成为别人的附庸，才会知道哪里是你的方向。

如果你的时间都用在帮助那些有方向的人去实现梦想，那么你的梦想就会像瘪了的气球一样耷拉着。嗯，你终于明白了吗？只有清楚地知道了对你来说哪种活动是正确的，有意义的（策略），你才能让自己变得更好！

让我说得更坦白些吧！什么对你来说是最重要的？你想要什么？你不想要什么？对你来说什么是最重要的东西？

或许你会认为，这些问题只不过又是老生常谈。是的，我得承认这个问题有些老套了。但是你是否真的扪心自问过：“我到底把多少时间花在了那些不愿意去做，而且对我来说没有半分钱价值的事情上了？”想想看，你有没有坐下来深深地反省过这个问题呢？

我已经问过很多人了，答案五花八门。最终，我发现他们把时间用在了那些既不有趣又不重要的事情上。还有些人告诉我，因为不知道该怎么办，所以很多时候居然就是每天很无力地发呆，坐在那里想啊想，想到底该怎么办！

你终于明白为什么前面我们花了那么多时间让你找到自己的优势、兴趣，找到适合你的事业了吧？因为那样能够让你更好地把这些时间用在对你来说更加重要、更有意义或自己感兴趣的事情上，而不是恍惚间，时间只在你的生命中打了个冷战，很快就没有意义地逝去了。

那么在具体的工作和生活中应该如何操作呢？

让我们开始寻找指南针吧。把那些对你来说重要的事情挖掘出来，将时间分配给它们，防止日常生活的忙乱让我们迷失了自己，居然忘了到底什么才是最重要的事情，也忘了生活真正的目标和意义。

又到了使用导图的时间了。打开这个超级给力的软件，就现在，在中间写上：“对我来说最重要的事情”。然后，在分支框内填上诸如：“我想干的事情是……”“能够让我觉得快乐的事情是……”

这些事情你每天都要记在心里，然后去做，坚持每天去做。

还有，你不要整得太复杂了，所有的事情简单化是最好操作的。如果你整得太复杂，光研究这个事件本身，就能把你累得够呛，哪还有心情去做呢？简单的事情重复做，就是这样。

好的计划

我一般会在每年春节的前几天，抽出时间坐在书房里，避开任何人的打扰，安静地计划自己明年一年的行动方案。每周要做的事情，也需要大约一个小时的时间来准备。因为我只想在一定的时间工作，要先定下最重要的活动。此外，每天早上一睁眼，我就会想一下今天都有哪些重要和紧急的事情等着我去做，还要为每天那些该死的突发事件腾挪出时间，例如路上堵车，天降大雨，或者老婆发飙！

我也会计划自己的休闲时间。我喜欢钓鱼、大吃，偶尔，我还会去北京找我的棋王兄弟蒋川切磋一下。

像这样大概计划一下就差不多了。你知道吗？我还见过有人把时间规划精确到分钟，拿着手表在那里算计。我很好奇地问他："这样行吗？"他回答我说："没有哪一次按照这个来执行！"哦！我想这严重地打击了他的信心，这有点像是强迫症了。

计划，有三个需要你去做：年计划、周计划、日计划。有这三个长度不同的计划就足够了。

（1）年计划。

年计划的时间跨度最大。在年计划中，你最需要把握的，就是自己的目标、愿望和梦想，并且要专注在真正重要的事情上。年计划也是最为重要的计划，原因很简单，我们的人生不是以月、周、日来计算的，而是以年来计算的。如果有人问你多大了，你会回答 25 岁。如果你回答说 9 千多天了，人家会以为你是神经病。

每一年对我们每个人都太重要了。一年的时间可以让你从一个旱鸭子变成游泳高手，也可以让一个不懂电脑的人成为网上冲浪高手，还有很多人能从一文不名摇身一变获得人生第一桶金。瞧瞧，我们在一年的时间里可以实现多么惊人的进步啊。

据我所知，那些事业有成的人都有制定年计划的习惯。从过春节开始，他们就知道自己未来一年该做些什么了。而那些不太成功的人，面对新的一年，只会又一次陷入稀里糊涂的怪圈，然后等着被计划。

那么，我们该如何计划自己的一年呢？

首先，要找出你的年度总目标，以及对应生活和工作每个方面的一个或几个从属目标（记得运用思维导图）。在这个过程中，你要记得前面你做过的关于人生目标的整体构想，要不然容易跑偏，甚至还会对你的长期发展构成负面影响。

接下来的 12 个月，要针对一年的大计划，分别安排好具体的目标和任务，并对自己在上个月中的表现进行总结和反思。之后再根据反思结果，安排这个月的工作和生活重点，列出首要的三到四项具体任务。一定要是最最重要的任务，多了容易乱套，而且一旦任务太多，你也做不完，来回折腾几次信心又没了。

全面核查一下，看看自己制定的月计划能够对应年计划中的哪些具体目标，大方向要牢牢把握住。

（2）周计划。

周计划的意义同样重大。可以这么说，周计划是你能够统筹时间的最好切入点。它能够帮你减轻时间压力，从上一周的繁忙中解脱出来，找到你自己最重要的事情。下面我们来具体看一下制定周计划需要注意的事项。

你需要多花点时间，因为一周的时间较长，所以涉及的日常工作和生活事务就比下面要讲的日计划多很多。为了避免遗漏，你最好为自己准备一个清单。这个清单你在上一周就应该抽空填写，看看下一周有哪些事情需要去做。

周计划要系统化，不要堆砌。凡是计划，都是有纲有目的，不是把些乱七八糟的事情堆在一起，那不叫计划，那叫“流水账”。你必须把这一周尤其重要的事情和死活都要完成的任务首先列出来，然后把这些具体的事情跟自己的人生目标和年计划挂钩。绝对不能让那些临时跳出来的看似很重要的事务把你带跑了。

我们所有的远大理想和目标，都得通过对细节的持续努力才能最终实现。具体到周计划，意味着你必须把大目标划分成若干个以周为单位的短期目标，并进一步估算每周需要完成的工作量。要学会分解目标，将宏图大志落实到每一个步骤中去，不然一年下来又瞪眼了。

（3）日计划。

首先，你要将一天当中需要处理的所有事情都一一列出来。一定要写下来，不要用你那神奇的大脑想一遍就跳过去了，那样你就低估了人类的遗忘能力。一旦白纸黑字落到明面上，你就等于是和自己签了一个合同，这样对你更有约束力，能更好地敦促你将想法变为现实。

在“聚能文字兵法”中，为了训练学员对销售型文案的感知，我都要求他们抄写大量的大师级文案，一遍又一遍，直到他们的肌肉和大脑形成习惯。

你可以用思维导图软件来做这件事情。你要习惯运用这款非常棒的软件来处理你的日常事务，时间安排也不例外。要养成这样一个习惯，不要今天用这个，明天用那个，没有哪一个能坚持下去。如果你喜欢用记事本也可以，总之要有一个你善于利用的工具，并养成利用它的习惯。

另外，日计划就像是一篇日志，记载着你日复一日的工作和生活。如果你在一天结束之后拿出你的计划，并且对照这个计划重新梳理你一天的活动，然后写一篇日志作为总结；再如果你这一年的计划是由一个菜鸟成长为组长或其他更高一点的职务，那么你的这些日志可以稍加修改，然后编辑成电子书，再起个有诱惑力的名字，写一个有杀伤力的文案推广一下。你卖 100 元，就有很多同行业的菜鸟愿意花这 100 元来买你一年的经验。我们来算算，一天有 10 个菜鸟过来买你的经验，就是 1000 元；一个月就是……自己算吧！

说得更远一点，如果有哪家出版社觉得你这个创意还不错，愿意帮你出版一下，那么瞬间，你就被更多人知道了。这里面的好处就不用我再多说了吧？人生处处是机会，但这种机会是给那些有心人准备的。

还是继续我们的日计划吧。刚才那个话题，后面我会更详细地揭秘。

还有两点需要强调，在制定计划的时候，你要把那些例行公事，不太动脑子就可以做完的事情，与那些具有创造力的活动区分开。如果有很多事情你每天都要重复，而且不需要动脑子，你最好做个执行流程图出来，然后一上班就对着这个流程图先把这些事情做完，给自己快速完成工作的信心激励。接下来，就要更加勇敢地面对创造力工作的挑战了。

有很多人建议把完成任务的时间限定在若干小时或分钟之内，我认为完全没有必要，别把自己搞成强迫症患者。你只需要记住：今天这些重要和紧急的事情必须搞定！你就会很快搞定了。如果你娇惯自己，喜欢拖延，或者找一堆借口逃避自己制定的计划，那就只有让神仙来拯救你了。

你要记住，任何计划都不是死板的，所有计划都不例外。你要学会为自己的计划注入必要的灵活性，还要学会劳逸结合。

最后，我要大声呼吁：好好利用你认为是碎片的所有时间吧！我们整个人生就是由这些碎片组装起来的。问题是，你想如何组装你的人生？

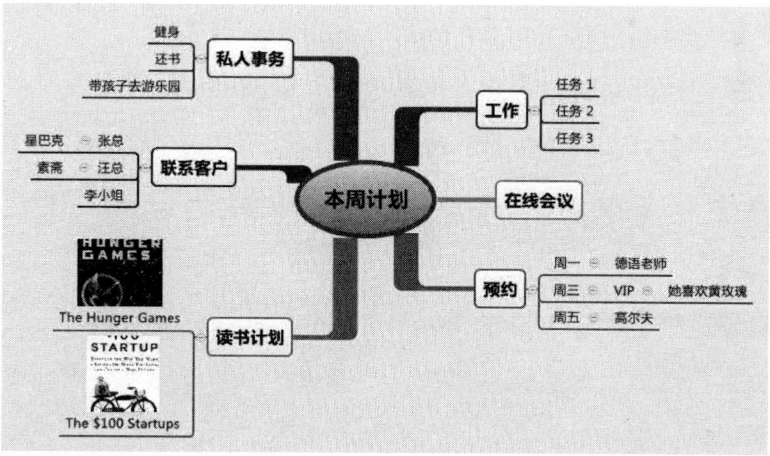

周计划导图示意。你可以运用并参照这张周计划导图来制作年、月、日计划，或者也可以把它们融为一体。总之，你要学会利用类似的工具，将你的策略和计划清晰且富有逻辑地描述出来，这样它就会萦绕在你的脑海中，不断督促你采取行动！

学会委派或借力

我有一些很好的伙伴和同事，他们每个人都有自己的特长和绝活。我尽可能地把工作委派给他们，然后空出大量的时间去做我擅长和喜欢做的事情。我不想自己冲上去做不擅长的事情，我才不想让他们看我的笑话呢。我就在后面看着他们，不时地吼一声："加油，你们是最棒的！"然后我就窃喜着回来写点东西或辅导学员了。

如果有一件事情你能找到高手，他花 30 分钟就能帮你搞定，那你又何必自己折腾 3 个多小时呢?

你要把时间用在那些能让你产生效率的事情上，并且学会利用别人的时间。关于这一点，也许很多人已经告诉过你了。他们说你要花钱坐飞机，不要为了省钱坐火车，要花钱雇佣那些高智商人士为你工作等。正在阅读这本书的你，如果我没有猜错的话，正在为生涯发展感到困惑，跟你说那些貌似还有点儿遥远。让我们面对现实吧，下面说点儿你立刻就能领悟的事情。

假如你正在上班（不出意外的话），领导让你抽时间加工一个活动视频，做漂亮点，给其他同事分享一下，以起到凝聚团队力量的作用。于是你认为表现的机会来了，就开始花时间学习如何制作花哨的视频。整整两个晚上，你都在不断地研究和调试。终于你做出来了，但效果还是不怎么样。关键问题是，你还有很多对你来说重要的事情没有去做，而因为熬夜，你的精神也开始有点恍惚了。

其实这件事情，你完全可以在淘宝上花几十元钱，找人制作一个较为专业的视频（总有一些散兵游勇愿意接受这个价格）。或者你有朋友会做，而且他们愿意免费帮你，那么就委托给这些朋友，大不了你请他喝一杯奶茶。你省出来的时间，就可以投入到你的梦想中去，因为你知道对你来说什么才是最重要的。

事实上，很多人还是在那么做，一天到晚搞来搞去，好像还很辛苦。实际上，他们从没有把时间花在真正增加自身价值的事情上去，那些辛苦和疲惫只能用来安慰一下自己，对于你想要的结果起不到太大的作用。

所以他们只能等待机会掉下来砸晕他们。

全神贯注

让自己全神贯注在当前的工作上！不要分神，不要让思绪因为一些小事情被打断，不要老想着你女朋友或男朋友（她/他一时半会儿还跑不了），更别去想你中午是吃回锅肉还是麻辣香锅，你就死死地盯住现在眼皮底下的这件事情。如果这么做了，你很快就会实现目标。否则一晃又是一天，你才发现自己懒懒散散地只做了不到一半，你那伟大的目标又少了一块砖头。

换言之，你必须将时间用在能产生效益和结果的事情上，而不是飘忽不定地被各种外部因素带走。如果你不小心打开了一个网页，里面正在热火朝天地播放你关心的NBA，不管你信不信，多半你上午的工作又泡汤了！有没有发生过这种情况？我就有过！

关于休息

我通常是这样做的。首先，我每天都会思考，我拒绝任何人过来打扰我，除非门口着火，偷税漏税工商局来查我，否则别打扰我。放心，我一个人坐在那里不会睡着，我考虑好了就会立刻去做。我不想等到什么时候有空了再去做，而是就现在，立刻，以保证我的灵感不会很快蒸发掉。

其次，每两个小时我就会休息一次，大概20分钟，听听音乐，或者看看远处的“烟雾缭绕”。这20分钟能让我完全恢复体力和精神，搞不好又有新的灵感突然跳出来。

休息的诀窍就在于——在你感到疲劳、无力和压力之前，先让自己休息一下。人的大脑需要这个过程来重新充电。在你还没有变成超人之前，我极力推荐你运用这个方式来奖励自己！

试试 80/20 法则

你工作中 80% 的成就，是在 20% 的时间里完成的。如果我们专注在 20% 的工作上，那就不会缺少时间。如果你不能把时间安排给那些重要且紧急、重要但不紧急的事情，那么很快就会出现复杂无比的情况。同时，也辩证地说明了你不是一个重要的人！

在认识这个法则之前，我总是感觉自己没有时间。后来我才知道，原来不是我缺时间，而是乱用了时间。我们时间里最重要的那一小撮，要比剩下的所有时间更有价值。

我们必须不断质疑自己所有的时间计划，搞清楚什么事情能交给或者委托别人去做？我今天做的最后一件事情是什么？那创造 80% 成就的 20% 时间到底在哪里？ 这会帮助你更加有效率地工作。你既不能让工作耗尽你的时间，也不能让休闲活动耽误你的工作。

接纳我的这个建议——你需要有严格的工作纪律，并且要养成雷打不动的习惯！

你必须知道什么时候休息对自己比较好，也必须知道什么时候该老老实实地专心工作。如果你记忆深刻，你总能想起你的同学中有那么几个神人，他们成绩特别好，但又不是死读书的那种，玩起来还挺疯狂！倒是那些一天到晚趴在桌子上，头都不舍得抬起来看你一眼的主儿，除了眼镜片比其他人厚很多以外，成绩绝对不会一鸣惊人。

如果你是独立开创事业的人，你需要的便不仅仅是纪律，而是铁一般的纪律！

事实上，我也只是在一定条件下相信纪律，但我更相信激情。如果你能找到让自己充满激情的东西，你就不需要铁的纪律了，因为你会超越这个纪律。纪律总给人一种被动的感觉，但激情不同。激情会秒杀纪律，让你全身心投入。

嗯，这也不是一件简单的事。因为前提是你要找到真正能让自己全力以赴的事情，然后才是致力于发挥自己的力量和兴趣。

P.S. 只要你是个有心人，我相信你总会找到它。每个人都应该如此这般地去开创自己的未来！

第六章

世界上最激动人心的生涯发展加速器

拥有梦想只是一种“智力”。很多人都有梦想，而且还很大，但是真正能够实现梦想，才是一种能力。

▲ “普通人”所能触及的最后底线

▲ 让很多人日夜难安的麻烦清单

▲ 上班族的突破之路

▲ 第一时间该做的事情

▲ 将爱好变成事业

▲ “研发”你的产品或服务

▲ 从爱好到事业的注意事项

▲ 超级价值“炼金术”

▲ 直效营销导图

▲ 世界上最好的创业方法

▲ 成为一个细分领域的专家

▲ 搭建属于你自己的平台

▲ 撰写杀手级广告文案

▲ 撰写广告文案的“黄金法则”

▲ 销售文案的六个部分

▲ 撰写成功销售文案的五大要素

▲ 116 个精选文案标题

▼ “普通人”所能触及的最后底线

现在，我将告诉你最激动人心的生涯发展模式。也许，这也是很多“普通人”所能触及的最后底线。无论你现在做什么，学生、普通员工、车间工人，或是任何其他职业，你都能按照这个模式加速你的生涯发展，突破生涯发展的天花板，让你的想法快速落地。

采用这种模式，不需要你有什么启动资金，也不需要你有豪华办公室，甚至你都不需要有办公室。这种模式叫做直效营销，我们在开始的时候已经介绍过了。

凭借这一模式，你现在就可以马上开始加速，根本不需要等待。或许在这个世界上，你再也找不到第二种比这个更好的方式了。运用它，你可以真正地白手起家，在很短的时间内获得生涯发展的成就。现实一点来说，它能帮你赚到更多钱。我相信这是很多毕业生一直在寻找的机密能力。

从目前来看，此言非虚。因为拥有梦想只是一种“智力”。很多人都有梦想，而且还很大，但是真正能够实现梦想，才是一种能力。

我在毕业之后，也研究过大量的书籍，特别是商业、创业类书籍。我得出的唯一结论就是，那些书的作者要么不知道自己在说什么，要么说一大堆理论。特别是对那些刚毕业不久的年轻人来说，看完之后很容易盲目放大自己，或者追求一些假大空的东西。还是让我们脚踏实地，真正从自身情况出发吧，你会发现自己走得更快。

我现在分享的内容是第一课，也是特别重要的一课。

如果你选择的是你喜欢做的事情，你会更有激情地去开展这项工作，任何困难和挫折都阻挡不了你前进的脚步。许多人都将注意力放在“基于优势和爱好已经做了什么”，其实这种想法限制了我们的选择。大家在闲暇时应该做些调查研究，探索自己的知识和技能还能够在哪些工作领域发光发热，这当然更包括你自己所在的领域。

有一些你非常感兴趣的工作，可能比你目前掌握的技术要求高很多，但是你也可以先做低一级的工作，等自己技术娴熟了，再往更好的工作方向发展。这个过程任何人都无法绕开，所以你要有积极进取的决心。

也有很多人问：“刘老师，我现在一无长技，也没有资金投入，甚至我还在为找工作奔波在工厂与写字楼之间，我该怎么办？我该如何去发展自己？我真的不知道该如何开始第一步。”

好吧，我承认这种情况很多，但任何问题都有解决的办法。“想尽一切办法解决问题”是我的宗旨和座右铭。下面我就给你一些思路，你得认真点。

OK，现在把你安装的思维导图打开（不用我再教你如何使用了吧）。

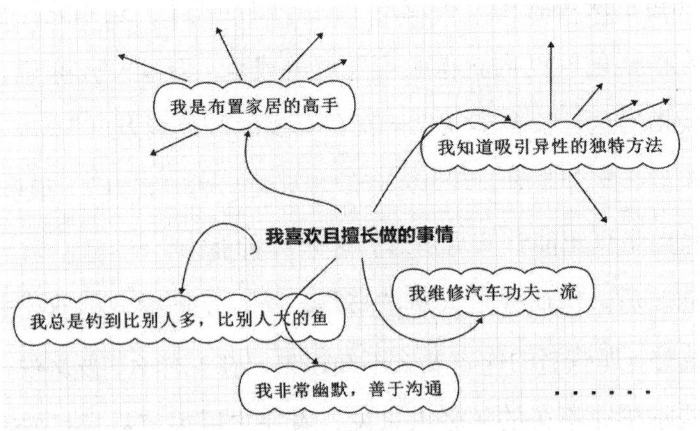

找到喜欢且擅长的事示范导图

首先，把你喜欢做，而且你确信能比别人做得更好的事情列出来。例如，你是不是一名布置家居的高手？你是否了解吸引异性的独特方法？当别人和你一起去钓鱼的时候，你是否总能比别人钓到更多更大的鱼？当别人的汽车出现故障时，他是不是马上想寻求你的帮助？你是一个善于搞笑的幽默高手吗？你能塌下心来将你所在领域的知识进行系统的总结吗？你是不是在众人面前演讲感觉流畅自如，一点都不紧张？别人羡慕你写得一手好字吗？……

能让你定位聚焦的领域，能让你获取丰厚收入的项目，就构筑在上述这些问题之上。现在就动手，把你能想到的全部都罗列在思维导图上吧。

根据自身的具体情况，从上面列举的几项中挑选出与自己相符合的，然后再想一些我没有提及的你的独特优势或爱好。

总之，思维导图上应该列出你比大多数人做得好的方面。对了，你应该看到，我没有说是“比任何人都好”，你只需要比 50% 的人略高一筹就 OK 了。在中国这样一个市场广阔、发展迅速、人口众多的国家里，如果你，你的技术、产品或服务比一半以上的人更加出色，那么你就可以通过聚焦，轻松超越他们，比他们做得更好，并且你将找到一个具有上亿人口的巨大利基市场。说到这里，我想你应该明白了，做这些都是为了加速你的生涯发展，启动你事业的光辉前景。

当你完成这张思维导图之后，你就可以尝试把它们结合起来。这是一种创新的思维方法，运用这个方法，你就能构筑一个不同寻常的组合。

例如，如果你善于逗乐，又知道如何吸引异性，那么你可以开始情感沟通方面的事业。你可以教别人如何找到男女朋友，构建幸福人生。你也可以撰写一本相关方面的电子书。你知道吗，有很多人正在为此苦恼不已，他们迫切需要得到你的帮助。

如果你正在做人力资源相关的工作，那么你可以利用业余时间，将你从进入这个行业开始经历的点点滴滴记录下来，总结成你自己的东西，或者是录制一套视频，或者是撰写一本书，或者组织一个学习班，总之这些都是形式，随便你。但是只要你这么做了，你就会被认为是这方面的专家。确实如此，因为你真的付出了你的时间和精力去做这件事情。想想看，你的专家地位是不是会被更多公司知晓？你的身价会不会随之水涨船高？还有，你知道有多少人事菜鸟愿意花点钱获取你的经验吗？

不管怎么说，到目前为止，你应该多少了解一些我的想法了。很多事情其实并不是那么复杂，也不需要过于一本正经。相反，你可以在这个过程中获得很多乐趣。你要牢牢记住一点：出售的并不一定是商品，有很多东西都可以让你增加收入。一个好的点子，一个可行的计划，一些能把事情做得更好、更快、更节约的方法，都可以拿来出售。

可能是职业原因，我看到任何东西都会思考有谁需要它们，我应该如何包装一下，把它们卖给那些急需的人，然后换一辆越野车开开。要打开你的思维，并用最简单的方法快速达成。

实际上，这样的例子举不胜举。比如说，有很多人并不是靠开餐馆，而是靠出售绝密配方发家致富的。无论你现在做什么，你的工作领域内，一定有一些别人迫切需要获得的信息或技能，出售无形商品的成本低得令人尖叫！而且有很多人愿意为一个好点子掏腰包（任何一个能使他们变得更加快乐、健康、轻松、强壮、性感、富有的好点子或计划）。

毫无疑问，随着你的人生阅历逐年增长，你一定会有很多别人想知道并乐意向你学习的经历和经验。为了获得你的人生阅历和血泪教训，他们愿意掏钱购买，以避免走太多的弯路。如果你还是持怀疑态度，那么一个活生生的例子就摆在你面前——我就是这么干的！

还有一个获取好点子的方法——挖掘，并且是深入挖掘，挖掘那些给你带来灵感的烦恼。仔细整理一下工作或生活中的烦恼（我想应该多得不计其数），并将它们一一写下来。例如，老公晚上没完没了地打鼾，出门老忘记关灯，老觉得没关门，心里忐忑不安，想做的工作总是不能今日事今日毕，看视频时没完没了的弹窗、广告……总之一大堆。

要知道，你遇到的这些烦恼，别人也会经常遇到。如果你能找到一些解决这些烦恼的有效途径，别人会主动花钱来买你的解决方案。

仔细想想，公司雇佣你难道不是为了解决他们某一方面的问题吗？如果你能解决他们的大麻烦或大烦恼，那么他们就愿意出高价雇佣你。你看到的所有产品和服务，难道不是一个道理吗？

同样，把问题变成财富难道不是一个很好的主意吗？天呐，你居然从没这么想过，还在四处寻找所谓的机会。如果你碰到了很严重的问题，那你应该努力去解决，而不是一天到晚被它折磨，让它像梦魇一样紧跟着你，每天在你可怜的大脑中徘徊，给你带来无尽的痛苦和失眠。你要勇敢地面对问题，把它当成一个挑战，一个巨大的机遇。事实也的确如此，当你解决了这个大麻烦，你的手上也就紧紧攥住了一个无限的商机，你的机会来了！

你应该知道，无论你的工作是什么，你有什么优势和爱好，你都能找到更好的，能够与别人分享的解决问题的方案。在这个过程中，你就能快速获得生涯发展优势，并且赚到一大笔钱。同时，你也帮助其他人解决了非常棘手的问题。这一切，是大学无法教给你的。

我将亲自向你介绍这一埋藏着巨大机会的策略：制作一个写满各种麻烦和担忧的导图，找出最大、最有实际意义的那些。再制作一个可供选择的“麻烦”导图，并在上面写出能够解决问题的途径。紧接着，你将所有关于问题及可能的解决方案的相关信息全部收集起来。通常情况下，做完这些，问题的答案就会渐渐浮出水面了。

一旦你获得了这个解决问题的方案，很可能你就找到了成功的法门。首先，你已经证明你能够摆脱那些烦恼；再次，如果那确实是一个很大的麻烦，很多人也在忍受着它的折磨，那么他们将会非常乐意付钱购买你的建议和解决方案。

▼ 让很多人日夜难安的麻烦清单

也许现在你自认为没有什么忧虑和麻烦，那也没有关系，因为已经有人帮你整理出了一份麻烦清单（那个人不是我）。这份清单是按照人们的关注程度来排序的，从数量最多，到数量最少……

第一波麻烦：职业发展、购房、小规模创业、家庭预算、第六感和难以解释的神秘现象、建造房屋、酗酒、露营出游、提高阅读速度和加深理解能力。

第二波麻烦：记忆力的改善、养鱼、购置和整修家具、速写和素描。

第三波麻烦：环境污染、人口增长、世界能源和自然资源短缺、毒品、麻醉剂相关问题、货币贬值问题、医疗保险。

第四波麻烦：公共福利、犯罪问题、政府对工资和价格的控制、公民权利、教育经费、公共交通、儿童活动中心、一体化多媒体教学、学前教育、智力发育迟缓。

第五波麻烦：象棋玩法、外太空生命以及UFO、脑电波的控制、财产税、生物技术、信息化。

这些都是大多数人担心的问题。数以亿计的资金已经投入到对这些问题的解决中去，但这需要持续投入，而且很多新问题还会接二连三地出现。不要再犹豫了，问题就是机会。找一个你感兴趣的“麻烦”，投身进去，然后走上你的辉煌之路！

在处理这些问题的时候，千万不要忽视一些很明显的答案。最好的答案通常都很明显，很简单，不要因为“这太明显了，很多人都应该知道”而轻易放弃。很多时候，在你眼里很简单的答案，对别人来说却很难找到。

看看你周围，钉个钮扣、洗个衣服都成了产业，人们真是太懒惰了，但这就是机会，不是吗？你知道机会都是怎么溜走的吗？很多人都有答案，但是他们选择了无视，选择了放弃，而这就是机会从眼皮底下溜走的时候！你千万不要犯同样的错误，这是个很大的错误，而且很多人都觉察不到。

展开你的想像力吧！

记住，无论你在做什么，你都要让自己成为一个细分领域的问题解决专家，而且要让更多人知道你有解决问题的绝活，让他们一想起你，就知道你能帮助他们解决什么麻烦。不要让他们一想到你就翻白眼，这样他们很快就会忽略掉你，然后把你完全忘掉。随着你被越来越多的人忽略和忘掉，你也就只能默默无闻地平庸下去了。

随着解决问题的能力增强，你的自我形象也会得到强化和重塑。同时，你每解决一个问题，都会积累更多的知识、经验和技术。长此以往，你解决起问题来也会越来越游刃有余。

当你以一种富有想像力的方式解决掉一个大问题之后，你就奠定了自己的核心优势地位，而且这种能力将变成令人兴奋且利润丰厚的商业基础。

别再犹豫了，坐在那里冥想是没有用的。你必须行动起来，找到一个你关心的“大麻烦”，并且收集一切与之有关的信息。如果不是我告诉你，你可能从来没想过要这么做。很多人就是傻傻地坐在办公室里，每天做一些“机械运动”。只要你开始关注，你会发现，之前你忽略的所有关于这些问题的信息，都会通过你的耳朵、你的眼睛、你的鼻子、你的手掌汇聚到你的大脑神经中枢，然后你神奇的大脑就会开始对它们进行加工……

你在寻找答案的时候，一定要全身心投入精力和热情，不要担心现在你还是个菜鸟。你要勇敢地去提问，去搜集，没有人会因此而认为你是个笨蛋。也不要害怕犯错误，谁不犯错？任何人都会因为粗心大意而犯错。你只要花心思在一件事情上，对其备感兴趣，那么你会在错误中学习到更多。换言之，每一次“失败”，都会让你更加接近正确答案！

在这一过程中，你还要有一种“自我意象”。你不要把自己当成一名员工，你要想像自己在经营一家个人企业，把自己当成一位销售商，一位销售员。

当你还是个躺在摇篮里的婴儿时，你需要通过大声啼哭来让母亲知道你饿了，你要吃奶。在你的成长过程中，你需要运用各种“销售技巧”，从你父母那里获得看圣斗士星矢的权利，或者获得一个变形金刚的模型，或者是买一把能发射BB弹的玩具手枪，把欺负你的小伙伴的嘴唇打流血……如果你的“销售技巧”不好，那你的童年该是多么无趣啊!

长大之后，你还需要把自己“销售”给你的爱人、老板、客户和朋友，其中包含的技能大同小异。这个技能就是——向他们展示你拥有他们所需要的东西，即便那东西只是“你对他们的尊重和爱护”。我们都是“销售商”，无论业绩好坏。

了解了以上这些之后，我们来看看具体应该怎么去做。可操作的方法和途径非常多，在这里我仅列举两类人，每一类人提供几个思路。这两类人是：上班族和准备创业者!

▼ 上班族的突破之路

很多上班族每天过着朝九晚五的生活，有不少人还要没日没夜地加班。对他们来说，要想获得生涯发展的突破，除了拼命工作之外，还有一点被大多数人忽略掉了，那就是有意识地打造自己的行业品牌地位。

我们举例来说明。

如果你是一名人力资源专业的学生，毕业之后从事的是人力资源工作，那么从你进入工作岗位的那一刻起，你就应该记录每天的工作和学习心得（最好用电脑）。没错，我的意思是，你每天都要抽出半个小时到一个小时的时间，把工作的情况用白纸黑字记录下来。这其中应该包括你每天的工作内容，碰到的问题，以及你是如何解决的。

同时，你还要买一些相关的专业书籍阅读，并写下学习体会以及你的行动方案。

如果你能坚持下来，我想一年以后，你就能养成一个良好的习惯，并且你将会有多达200页的工作经验记录。你不要觉得没什么好写的，如果你去写，你就会发现自己的大脑开始运转，而且越来越灵活。这样，你写的就会越来越多，越来越顺畅。

很多人都有在QQ空间写东西的习惯，但是那些生活感想只是用来抒发情感的，我要你做的不是这些。你要把时间用在正事上，把你那200多页的文字系统地整理一下，制作成电子书，也可以转换成PDF格式。

如果可以的话（最好可以），找人帮你制作一个个人网站，预算也就500元左右。这个网站是你的“基地”，你可以在上面发表你的每日工作记录，偶尔也可以聊点别的。比如，你养的金鱼又长大了一些，或者今天有个离职的员工找你大吐苦水等。但是无论写什么，都要牵扯一些你所从事的工作。

记住，就像上面所说的，这个网站要密集地提供与你专业相关的信息，而不是今天研究一下这头猪如何喂才会长得更快，那个牛排煎成几分熟才会好吃。网站一定要专业。别人过来看你的网站，是想获取你分享的关于如何把工作做得更好的知识，而不是关心你那些乱七八糟的事情。还记不记得前面我们提到过，人们压根儿就不关心你，他们只关心自己。我相信你现在读这本书也不是真的关心刘老师，而是关心我能帮你做些什么，所以你应该明白我的意思。

另外，这个网站不要做得太花哨，不要整一些闪闪发光的图片，一大堆弹窗和下拉菜单、多媒体介绍以及五颜六色的文本背景等。这些花里胡哨的东西让人反感，而且毫无个性与激情。千万不要让自己看上去像一个网络巨匠，要利用“实而不华”这一有利优势。如果你能这样做，你就能让人感觉到，你是一个真诚的人，你对自己的工作拥有真正的热情，你会吸引更多人关注你，甚至包括你的上司、老板，或者其他优秀人士（你懂的）。

有一点很明显，那就是拥有一个看起来较为专业的网站，是在这个网络社会打造出个人品牌的极佳平台。

你也可以利用微信平台，吸引别人对你的关注，或者用邮件列表，吸引别人订阅你的最新资讯。你吸引到的这些人，未来都是你的财富，你的小金库。但是，无论科技如何进步，那都只是一些工具。千万不要忘了，你仍然是个有血有肉的大活人，人们更愿意与真正的“人”交往。

同时，不要忘了宣传你的网站。你可以在各大社交媒体上分享，把你的网址和二维码印到你的名片上，随时宣传自己。你必须随时为打造自己的行业专家地位做点什么，不要指望一口吃个胖子。在一点点的努力中成长进步，你才会收获惊喜。

如果你一开始就听从我的建议，那么一年之后，你就会有一点小小的成就。当别人工作一年之后还不知工作为何物的时候，你的第一部菜鸟级别的作品就问世了。哈哈，就是你那 200 多页的“菜鸟成长记”。你可以把它挂到你的网站上出售，每本定价 50 到 100 元如何？然后写一封极具杀伤力的文案（后面我会告诉你如何去写）。

你知道吗？有 N 多人事菜鸟迫不及待地被你的文案吸引，愿意花区区 100 元购买你长达一年的经验。难道你认为它不值这个价钱？如果你敢卖到 300 元，我保证也有人敢买！因为这很值得。

如果你想想办法，一天卖出去三四本，就会有三四百元的收入。一个月下来至少也会有五千元吧？多的话会有上万元。如果你能学习到我的直效营销兵法，再加上优秀的运作，那就远不止这个数了，或许两天就能赚三万元。这没有什么好稀奇的。

看到没有，你很轻松地就在工作中增加了收入，而且不是老板发给你的，这时候你会很有成就感。别着急，这仅仅是一个开始。

当你完成这项工作的时候，建议你找一些出版社的编辑，与他们沟通，看看能不能帮你出版。有些负责任的编辑很愿意帮助你，只不过你从未想过这么做。你不开口，不行动，就只能看着机会溜走。但是一旦你抓住了这样的机会，你将开始声名远播。

这会让你更加珍惜自己的努力成果，于是你会更加努力。人就是这样，越好就会越好，破罐子就会破摔。所以你迈出了成功的第一步。

不要停下来。就像我说的，这仅仅是个开始，你要继续在成功的路上扩大战果。如果你感觉翅膀硬了，搞个授课如何？

最常见的一个额外收入来源，是给相关爱好者小组进行个人授课，或是提供指导。你可以与相关机构合作进行授课，也可以自己组织个周末班，或者干脆来个网络授课。这些课程能够为你带来盈利，大多数我认识的朋友都很乐意付钱参加这类课程培训。开展课程的另一个好处就是吸引新的客户，许多参加培训的人会帮你宣传你的课程及产品。

设立辅导班的其他优势还有——

- 激励自己继续拓展知识面和技能。
- 拓展你的行业内外人脉资源。
- 更快速地建立你的行业专家地位。

▼ 第一时间该做的事情

在你决定做这件事情之前，首先要进行调查研究。如果忽略了这一环节，就会像“盲人骑瞎马，夜半临深池”。换句话说，你不能靠感觉，自己觉得应该是这样的。事实上很多答案并不以你的意志为转移，因此你要跳出去，把那些你认为重要的事情查看仔细。这是防止你的时间、精力和金钱打水漂的重要步骤！

你调查得越多，就越接近成功。军队指挥官打赢胜仗表明，胜利更像是你先做了一项研究，然后把从中学到的东西付诸实际行动。如果你连你的目标在哪里都没搞清楚，甚至不知道你要朝哪个方向前进，这不是很滑稽吗？但就是有很多人在犯这样的错误。让我们为他们祈祷吧！

下面我会给你介绍一些调查研究的方法。

你的产品或服务有市场吗？

在你采取任何行动之前，这是一个必须给出答案的最重要的问题。你对自己的专业，以及自己提供的产品或服务拥有很高的热情，但不仅仅是因为“有很多人需要这种类型的产品或服务”，还要因为“他们有能力且愿意为此付款买单！”你要搞清楚，这些有需求并且愿意掏钱的人在哪里。你总不能满大街找人，对吧？

你也可以通过你的人际关系来寻找潜在客户，比如在相关群里认识的一些拥有同样爱好的朋友，让他们帮你推荐。如果他们这么做了，你还要大大地“奖励”他们，否则谁愿意吃饱了没事为你做这些呢？大家都很忙。

说到这里，我又要提醒你，你必须时刻牢记，人们并不关心你，他们只关心自己。你必须百分之百地站在对方的立场上考虑问题，才能想出让他们行动起来的方法，不然你喊破嗓子也没人理你。

你可能会说：“刘老师，你不要这么现实好不好！”这不是现实，这是人性。人性都喜欢避免麻烦，如果不是有利可图，他们宁愿坐在那儿喝杯咖啡，翻翻报纸，看看电视。

你也可以收集杂志或是网站上的相关信息，比如可以通过网络广告上提供的联系信息找到你的潜在客户。要注意那些长期在某个地方不停打出，并且与你的服务相关的广告。既然他们长期在那里做广告，就说明一定是有收益的，说明那里有很多“鱼”。人家又不傻，你说是吧？因此你要去研究他们的广告，看人家是在哪儿钓鱼，以及怎么钓鱼，这是一个很重要的调研方法。你不要只是做一个看客，还要深入到背后，研究他们的模式和操作方法，看看有哪些你可以借鉴，有哪些他做的不好，以及你要小心的地方。

你还要去逛逛论坛，你可以使用搜索引擎搜出与你爱好相关的论坛或是留言板。这类网站都是那些拥有共同爱好的人们共享信息、提出问题以及对别人购买相关产品或服务作出回应的聚集地。在天涯和猫扑等各大人气论坛上，你都能找到这样一批志趣相投的人，他们有时候很狂热。

在这些论坛里，你就能找到你的潜在客户。但首先，你必须给自己树立一个真正的爱好者的形象，热情参与大家的讨论，积极给出中肯且不带偏见的建议。你要像一个侦探一样，潜伏在他们深处，听听他们的心里话，了解他们的欲望和需求，以此判断他们是否会对你提供的服务感兴趣！

所有好的论坛，都对注册会员或是游客发帖的言论及行为有严格的管理条例限制。任何促销自己商业产品或服务的帖子，都会被管理员删除，搞不好还会被拉进黑名单。除非你发现有的网站允许这样做，你才能发表这类帖子，但那样的论坛估计也做不长久，因为人们很难喜欢一个广告满天飞的地方。

寻找一些优质论坛是明智的做法，即便你不能进行宣传，只要你能在此地做出贡献，当别人发布帖子提出问题时，你能积极给出回答，就能让你获得较高的人气。这样，你就可以曲线救国了。基于你的贡献，管理员也会给你开一点后门，大家互相支持嘛！还记不记得我前面讲的“互惠原则”？这也是具体运用！

还有一个你可以从论坛上获得的好处。查看论坛上的问题及帖子回复情况，并点击阅读那些比较热门的帖子。如果有人提到，他们在销售自己的产品或服务的过程中遇到了非常棘手的问题，那么你也该考虑一下，如果自己遇到类似问题该怎么处理。

通过论坛，你还有机会与你所在领域的高手和专家交流切磋。你会发现他们大多都很友善，很乐意帮助别人。

▼ 将爱好变成事业

将爱好发展为自己的事业，是非常令人愉快的体验。或许你现在正在上班，如果你对自己的工作确实提不起兴趣，但是又不能马上离职，因为你要靠它吃饭，那么利用业余时间将爱好发展成事业，是一个相当不错的选择！

你的产品或服务也许非常有创意，或者充满了乐趣，但你本身可能并没有任何创业的基础。对于你来说，如果想将爱好变为事业，那么首先要考虑的一个问题便是——会有人愿意付钱来购买你的产品或服务吗？你必须找到一定数量的客户来保证自己盈利，并将事业发展壮大。自己创业有很多优势，但同时，如果你不能够持续地盈利，你就很不乐意承担额外的工作，并有可能最终放弃。

还有一点我要提醒你。对你来说，做自己喜欢做的事比其他任何工作都要有趣得多，但要记住，这只占了你事业的一部分。在你还没决定把它当成你全身心投入去独立经营的事业之前，你必须做好本职工作，还要保持更加积极的状态。如果你能很好地平衡两者的关系，你将会有更好的收入保障。

如果你拥有热情稳定的客户，那么你可能已经拥有了一份事业的基础，下一步行动就是看你自己的产品或服务相比其他提供者来说是否具有竞争力。如果你的产品或服务仅仅是“还行”，而不是“更好”，那么你就知道为什么人们去购买那些知名并且已经得到用户信任的商家的产品，而不是购买你的产品了。现如今，人们的选择性非常大，潜在客户已经被弄得头晕眼花，因此你的产品或服务一定要让他们感觉眼前一亮。

我并不是给你泄气。我只是希望你能找到一个最好的成功机会，保证你在启动之前就已全面考虑过所有问题，并找到最好的实施方案。我不希望看到你只是受梦想的驱使，在毫无准备的情况下开创自己的新事业，这种人我见过太多了。凭借一股豪情盲目上阵，是导致失败的最快方式。

那么如何获得回报呢？

商业的核心就是交易，这个世界如果哪一天停止了交易，你将会看到非常非常可怕的经济危机。对你来说也是一样，如果不能把东西卖出去，你就不会有漂亮的衣服穿在身上，也不会有崭新的汽车停在家门口。出售，并获得回报，这是除了为客户贡献价值之外你最应该关心的问题。从一开始，你就应该将精力聚焦于此。在“赢家谍报”的不断更新中，我会具体并详细地教你如何去做。

还有非常重要的一点，你的产品或服务必须有创意，或者实用性很强，是大众一直在追求的东西。这样，在你的初始阶段，你就能够以最快的速度赢得一批数量庞大的、饥渴的客户群，那么，你就可以开始列出你的客户清单了。

记住，客户清单非常重要，你要想尽一切办法留下他们的地址、电话或者电子邮箱。这样，你便能与他们保持长期沟通，并持续对他们进行宣传和销售，而不是购买一次之后，你们便双双消失在茫茫人海之中，再无联系。那些没有经验的创业者常常犯这样的错误，星巴克就不会，星巴克会想尽办法让你回来再次消费。不信你过去喝一杯看看，看他们是如何把你“锁定”的。

话又说回来，你为客户提供的产品或服务必须具有很强的吸引力，才能够将他们吸引过来。因为大多数人天生具有惰性，除非他们对现有的提供商不满意，或是你的产品确实很诱人，他们才会前来试用你的产品或服务。看好了，在这里我用的是“试用”两个字。如果他们给了你一次表现的机会，遗憾的是你玩砸了，对不起，你失去的将不只是这一个客户，而是更多。

另外，有一个愚蠢的错误你千万不要犯，那就是，不要妄想给出一个更低的价格来和对手竞争。这个方法的有效时间是非常短暂的，因为你强大的竞争对手也会采取同样的方法。要记住，永远有人能够开出比你更低的价格，被价格吸引购买你产品的客户，在寻找到更低的价格之后，就会离你而去。

他们不会成为你稳定的顾客群，他们希望你给出更低的价格。一旦你无法给予更低的价格，他们便会无情地抛弃你。因此不要轻易进行价格战，要塑造价值，创造超高的价值感，提供超值服务。你宁可另外赠送一个 100 元的精致礼品，也不要将价格降低 100 元。你知道吗，那感觉是完全不同的。100 元的礼品是个大惊喜，而降价 100 元，人家只会怀疑你的东西质量或服务缩水了。

关于创造价值感的策略，这是你从事任何商业活动必须具备的能力。在本章的最后，我会透露给你一个很好的价值创造“炼金术”。你不要着急翻过去，先看接下来的内容吧。

▼ “研发”你的产品或服务

在前面的章节中，我已经告诉你应该如何选择适合你的领域以及如何切入的问题了。如果你已经决定好了，你就可以开始“研发”你的产品或服务了。当然，如果你觉得这不是你擅长的，那你可以让别人为你“研发”或“生产”，你可以采取借力或“拿来主义”的方法，但这不是本书要讲的重点。我希望你亲自去经历这一过程，因为只有你亲身经历过，才会更加珍惜自己的选择。

对大多数爱好者来说，首选便是销售他们亲手制作的东西。例如，手工是一个常见的项目，所以大多数手工爱好者能够通过出售亲手制作的手工艺品挣回本钱，减少因为爱好而支出的家庭收入。我一直说，如果你不能让爱好变成你的收入，那么很有可能你将会在爱好上面损失一笔不小的开支。或许这也是你想要将爱好发展成为事业的原因之一。

当然，如果你能制作一些信息产品更好，实际上我也提倡你这么做，因为信息产品的成本几乎可以忽略不计。但是有一点你要注意，现在盗版极为猖獗，你要采取有效措施，对你的劳动成果进行保护，以免沦落为随处可得的“大白菜”！

如果你觉得自己的能力以及产品或服务，能够真正解决某些人的需求，或消除他们的问题，那么何乐而不为呢？你完全没有必要自己独享。只有把价值传递出去，你的东西才能真的变得有价值。偶尔将自己的杰作分享给朋友或同事不能够成就一项事业，将爱好发展成为事业应该有持续的销售量，以及更高的售价。从本质上来说，你要进行系统的商业化运作，这样你才能体会到其中的美妙之处。

如果你的客户不在本地，你可能不会有机会和他们进行很多面对面的交流，但是你仍然要很热情地对待他们，及时答复他们的询问，并确保建立一套可信的物品发送追踪系统。即使你在线上和客户交易，也必须建立良好的人际关系。你可以和他们进行电话联系，或是通过网络电话软件来交流，如 QQ。通过良好的互动和沟通，你一样能取得信任，并继续深化你们之间的关系。

▼ 从爱好到事业的注意事项

当你将自己的爱好发展成商业活动时，必须遵守一定的步骤程序和规则。这一过程是非常耗时的，也会让你有些压力，因为你要关注每一个细节，这完全不像很多人宣传的那样轻松，这是事实。要想获得成功，就必须有所付出。要想有秋的收获，就必须有春的播种和耕耘。换言之，你不能指望不劳而获，或者打个响指就奇迹般地将一切安排好。

我承认，好的方法、策略会让你走在正确的道路上，避开很多弯路。但即便如此，你仍需一心一意，全力以赴。很多人没有考虑到这些问题，他们给自己带来了很大的麻烦，甚至使得他们的事业无法继续开展下去。

你有时想要自己处理这些事情，或是通过网上或其他途径获得建议，但是如果你遵照了错误的建议行事，就有可能给你的事业和经济带来真正的危机。你必须要对自己的所作所为负责任，并承担一切后果，其中就包括浪费掉大把时间和金钱。

我强烈建议大家付费寻求专业建议，此费用远远低于你因操作不善而带来的损失。而进入一个优质的学习平台，对你来说将终生受益。

▼ 超级价值“炼金术”

下面我将兑现我的承诺，告诉你一些为你的产品或服务创造巨大价值感的绝招。这些绝招无一例外是你从未听说过的，我敢打赌。你可以将它们运用到你的任何一项服务中去，甚至你自己身上，它会帮助你快速击败你的竞争对手，脱颖而出。我希望以下内容不会让你感觉太震惊。

我首先列出几个词语，你来告诉我，当你看到它们时，最先想到的是什么。不要细想，只要告诉我当你看到它们时最先想到的东西就可以了。

看好了——

巫术……魔术……魔法……炼金术！

好了，当你看到这些词语时，最先想到的是什么？有什么感觉？有没有一种神秘而有趣的感觉？抑或感觉有点危险？好吧，我故意用这些词语营造一种“神秘效果”，因为我想吸引你的注意。

现在，我不会真的向你展示什么“魔法或巫术”（警告，永远不要醉心于黑魔法）。不过我要向你展示的东西可能与之十分相似，而且对你来说更有价值，那就是——如何将“炼金术”运用到你的销售策划案、广告文案、技能培训、服务推广等信息类产品中，让它帮你赚大钱。

现在你可能注意到了，我刚刚列举的一系列“惊人”的词语中，最后一个词语就是“炼金术”，而且我也是用这个词作为小标题吸引你的。你之前听说过这个词吗？它比较奇怪，但它同时也是个比较酷炫的词，因为它代表着一些无法单纯用一个词来描述的东西，代表着能够让你成功以及改变你生活的东西。

当听到“炼金术”这个词的时候，大多数人会想到一个试图把石头变为金子的疯狂科学家，或者一个站在沸腾的“魔法药水罐”旁边的老巫婆。

但我会想到一些其他的答案。

比如，在过去，其他国家的人一直担心我国庞大的人口，担心我们的嘴巴吃不饱而造成危机，担心我们人口过度增长，狼吞虎咽地吃光全世界，甚至担心我们为抢一个土豆而不得不在大街上大打出手。

解决方法——炼金术。

足智多谋的农民及科学家找到了一种方法，可以在相同面积的土地上收获产量翻倍的粮食。我曾经看到过一个预言，说未来我们可以在相同的土地上种植并收获相当于一百年前三十倍数量的农作物产量。想想吧——同样的土地，三十倍的产量，简直不可思议。

欣慰的是，人们不必在街上大打出手了（至少现在我们发展得很好，人们已经不再担心食物不够了）。我不是说我们所有的问题都解决了，或者所有人都有饭吃了，而是想举例说明“炼金术”能改变万物，或者还可以是在家用除尘器方面？移动设备方面？或者是在生涯发展方面？

所有的方法都是创造性的，都是对周边资源的新利用，都能用来改善我们的生活。不久之前，还没有人敢想像人手一台智能手机、平板电脑，现如今，谁还在用“老爷机”？富有创新力的“科技魔法师们”，每天都在寻找让它们变得更小巧、更快捷、更便宜的方法。如果 4G 闪亮登场，这对很多“魔法师”来说，又是一次点燃大众欲望的绝佳机会。

那么这和你利用你的专业、你的爱好、你的技术、你的服务，以及你总结提炼的信息产品赚取更多收入有什么关系呢？

很高兴你这么问。以下是你必须仔细体会的地方，你最好不要走神。

生活中，许多东西无法轻易转换增值，无法把它们从一种状态转换成另一种状态，也无法从一种东西转变成另一种东西。把一块钱变成两块钱也非易事。那么把种子变成植物呢？恐怕你依然需要漫长的等待。但是信息，啊，信息可以。那些依附于你产品或服务的信息，或者本身就是一种产品或服务的信息，它们可以。

信息是少数能够变得更有价值的东西之一，增值需要的时间、精力以及其他方面的付出少得惊人。信息的表现方式不同，结果也截然不同。没人愿意听千篇一律的话，但是换一种不同的方式，人们就会扛枪卫国，主动投票或者掏腰包。

下面你将学到生涯发展中最重要的一课。

换一种稍微不同的方式说出来，你就可以把一样东西的价值从非常低变得非常高。你可能没有办法把石头轻易变成金子（如果你找到了这种方法，记得偷偷告诉我一声），但是如果你懂得了这种方法，就可以把你的想法轻易地变成现金。

总之，生活中很少有不投入很多钱就能赚取更多钱的方法，或者不投入很多资源就获取更大价值的机遇。很少，但肯定是存在的。我非常痴迷于寻找这样的方法或者机遇。我想，很多像你一样的人也在找，因为一旦找到，你就不用再活得那么累了。不用每天因为工作收入少，以及随之而来的各种揪心的麻烦而假装淡定，感到无助，大把地掉头发，厌食，半夜惊醒，疲惫不堪……

请允许我在此和你分享几个我发现并且很喜欢的方法。

我用了很长时间才找到和确定这些方法，并把它们建立成一个系统，这样我就可以迅速并简单地教会别人。请尊重我为找到这些方法而花费的时间以及精力，而且最好的尊重方法就是善加利用它们。

所以我要警告你——

这些是武器，要万分谨慎地运用。这个信息是“独孤求败”式的绝策，它是剑魔（我又在你的大脑里点燃了一束“炼金术”火苗）。事实上，我将要教你的是一系列危险的“剑法”。

有趣的是，在江湖上，最危险的也是无数人疯狂想要获取的，比如“九阴真经”，它们是非常有威力的武器。你可以运用它们直接杀入你的顾客群，和他们取得联系，并向他们展示你的产品和服务多么有价值。请把这些工具运用到好的方面，不要用来欺骗别人或进行其他非法动作……

这些方法中的每一个，都为我及我的公司赚了很多钱。如果你运用它们创造并销售你的产品或服务，相信你也可以使你的银行账户变得让你对生活感到安心。

如果你用它们干“坏事”，我一定会发现的，我会狠狠地在你的屁股上踹几脚，然后让威武的人民警察来对付你。

好了，我又不是恐吓狂，我们继续吧！

请你快速回答这个问题：下面这两本书，单看书名判断一下，哪本销量会更大？

- 《一个聪明人的详细减肥指导及运动计划》。
- 《瘦婊子》。

这两本都是很久以前曾在亚马逊英文网上出售过的图书。《一个聪明人的详细减肥指导及运动计划》，是由两个博士根据其他几个博士的实验研究结果写成的。《瘦婊子》是由一个退休的模特和一个退休的模特经纪人写的。

思考时间到，哪一个销量更好呢？

根据亚马逊网上书店当时的统计，《一个聪明人的详细减肥指导及运动计划》的销量排名为 437317，而《瘦婊子》排名 56，真是让人大跌眼镜。

我的问题是……为什么？

为什么没有博士学位，没有荣誉，没有专家光环，没有“科学”做后盾的人，却卖了很多书，挣了很多钱，而“专家”的书却悲催地排到了 437317 位？

更令人伤心的是，博士们可能为写这本书花了多年时间，做过 N 多试验，动用了纳税人大量的资金。但是你觉得会有人“兴致勃勃”地阅读吗？不会。

下面是一个善于抓住机会的人的做法。写《瘦婊子》的模特界人士接着又出版了一本姊妹书——《厨房里的瘦婊子》，一本烹饪书。此书销量在亚马逊的排名曾到 179 位，又是一张不错的成绩单。这两本书的作者，一位像消费者和深悟人性的市场营销人那样思考问题，而另一位没有，就是傻傻地在那儿写啊写。

我希望《瘦婊子》这个书名没有冒犯到你。我举这个例子，是因为写这本书的两个女人，具有大多数人都没有的东西。即便你现在就是模特界的一员，如果你不知道我下面要告诉你的方法，你也只是在吃青春饭。请原谅我的粗鲁，但这是个事实。

以下便是运用这一策略获取收入的方法。

当你创造一款产品的时候，在你开始之前，请停下来想想你的顾客。比如，你准备写一本关于人力资源的书（因为上面有一个案例，所以我们就以此作为范例），不要一上来就写你想写的，而是先停下来问自己几个问题：

- 谁是我的目标客户或客户？
- 他们面临的最大麻烦是什么？
- 他们想要得到怎样的结果或收获？
- 他们对自己以及人力资源管理有什么样的非理性的或强烈的喜好？
- 他们一直在寻找什么样的信息却找不到答案？

如果你真的想让客户喜欢你的主意，你就要问问他们究竟想要什么。顺便说一句，如果你不知道你的东西到底要写给谁看，你甚至无从下笔。比如，你可以问问你的同事，或者那些想从事这一行业的人。还有，别忘了问问那些刚入行的菜鸟，他们的问题多得让他们的上司恨不能掐死他们。问他们以上问题，在他们被掐死之前拯救他们。

让我们打个比方，假如你发现你的潜在客户是这样的——

- 23 岁左右。
- 都是大学刚毕业。
- 很沮丧，认为其他人不尊重他，没把他当牌出。
- 想要把工作做得更好，让他的同事及老板觉得自己是“专家”级的。

- 期盼走在公司楼道里时，有人对他点头致敬，打败一起入职的那批人。
- 正在寻找全面掌握人力资源六大板块的超级“秘诀”。

对你来说，以上这些“答案”可能听起来有点牵强。我是说，难道从事这一行业的人想要的并不是同样的东西吗？不！他们要的并非是同样的东西。

但是很多人的潜意识里会认为他们很懂，知道他们的潜在客户想要什么，需要什么，认为他们是最适合给出答案的人。但是当你花时间对潜在客户以及客户进行调查的时候，你将会学到许多你不知道的东西。

上面的例子中，一个不去问他的潜在客户想要什么的所谓专家，很可能会写一本书，并命名为：《像我一样做人力资源》。

但是精明的人会在调查完他的潜在客户，并仔细考虑过他们的答案后，给他的书起名为：《窃取人力资源总监私藏升职心法（你是第三个知道的）》。除了他让你“窃取”的这个“私藏心法”之外，你可能还想知道究竟谁是第二个知道的。

书名真的那么重要吗？

是的！

很明显，上面的例子中，我设计的书名更有“创造性”。但是当你创造并销售产品或服务（不管是图书、课程、视频，还是任何其他形式的建议、报告，或信息产品、实体产品）时，能够考虑并运用这个方法才是最重要的。关于标题，我后面还会再讲。

如果你的产品或服务不能立即引起你的潜在客户的共鸣——给他们的内心以强烈的冲击以及获取的冲动，你就会像上面写减肥书的那些人一样，可能一个月只能卖出一两本——给他们的朋友们。如果你想让人们争先恐后地订购你的产品，或者去你家或公司，把钱放到你的面前，打到你的账户上，那么当你学会像消费者，像顶级营销人员一样思考，并把你的东西转变成能打动潜在客户，让他们购买你产品的文字及想法后，这一切就会成为现实。

我刚才分享的是“价值新手”常犯的、代价最惨重的错误，以及如何避免这类错误，增加成功机会的思路。现在让我来教你一些真正的“炼金术”。

价值炼金术之一：转化法

把你的想法转换一下，这样人们才会感受到它们的价值，从你的手中购买它们。我将要教你的第一个方法也是最重要的，我称之为“转化法”。

道理很简单，只有当人们认为你的东西值钱时，它才值钱，否则它就什么都不是。如果你想让买家付更高的价钱，你就必须把你的产品价值转换为他们能够理解的语言。你在大街上呼喊是没用的，你又不是收鸡毛、鸭毛、兔子毛的。你如果不做得更有创意和吸引力，那你跟其他每天愁眉苦脸的人又有什么不同呢？

每个有欲望或者问题的人，都会一直揪心着那个欲望或问题，他们会受到一些动机的驱使，让他们寻找解决办法。对那个人来说，能够使他们的欲望得到满足，或者问题得到解决的方法才值高价，而这恰恰就是你的机会。

事实上，对于一个有强烈欲望或正在经历痛苦的人来说，找到他们想要的解决问题的办法，才是他们心中或生活中最重要的事。多数销售产品的“专家”都完全忽略了这个事实，而总是自认为什么是有价值的，或者自认为他们的潜在客户应该需要什么。

这会导致你犯下给自己的书起名为《一个聪明人的详细减肥指导及运动计划》这样的错误，导致你“觉得”你就是你的潜在客户，并完全沉浸在自己的臆想中不能自拔，对外面的世界一无所知。很明显，给这本书命名的人下了很大功夫，却没有真正开动脑筋思考——深入挖掘潜在客户是怎么想的，进入他们的世界，然后把产品价值转化成浅显易懂的语言！

《一个聪明人的详细减肥指导及运动计划》，在亚马逊的描述中，第一句话是这么写的：“该书介绍了记录体重以及运动计划的突破性方法……”现在，你告诉我，想减肥的人关心“记录体重以及运动计划的突破性方法”吗？

不！

想减肥的人关心的是——一觉醒来就能变瘦，永远不用去考虑制定减肥计划或者运动的事！而你的计划还没说出口，他们就会想到负重跑步，每日一餐，汗流浃背……他还管你什么突破不突破，直接闪人。

写这本书的“专家”给书起的这个书名，写的这个描述，其实是弄错方向了。我承认，他可能是真正的专家，有可能他的办法真的很灵验，能让那些体重 200 斤的胖子瘦到 150 斤，但他对如何进行有效营销一无所知。

我们周围有很多这样的人，他们很想把自己的宝贵经验分享出去，并转化为可观的现金。但是很不幸，他们不知道如何去做这件事。憋了很久之后，最终放弃了一个本可以成就事业的机会。

专家、高手有什么用？不懂如何转化价值给更多的人解决问题，完全是浪费资源。

与其从《一个聪明人……》的角度出发，还不如给这本书命名为《如何“不小心”减掉 40 斤（不影响品尝所有美味）》，可能这样销量更好。

接下来第一句话这样描述——“想必你已经知道每日一餐以及疯狂运动，都没有办法帮你成功减肥并保持下去。不要再折磨自己了，你累不累？用下面这个简单的方法……”可能更能吸引我的注意力（我也不瘦）。

为什么这样表达更有效呢？因为这样更能顺应人们的心理，而且没有使用空洞的、让人厌烦的、没人爱听的泛滥词语。换句话说，它们有效，是因为——客户认为它们很有价值！

试试这个——

拿出一张 10 元和一张 100 元的人民币，盯着它们看一会儿，问自己一个简单的问题：“为什么其中一张的价值是另一张的 10 倍呢？”

是因为颜色不同？

是因为印制日期不同?

是因为人民币大小不同?

不，都不是。其中一张之所以那么“值钱”，是因为——上面印的数字!我现在不想卷入人民币是否真的“有价值”的争论中，或者说100元是不是代表更大的“承诺”，这不重要。重要的是人们看到面值大的钞票，立刻就会觉得它更值钱，不自觉的，潜意识的。就是那样，这是连傻瓜都知道的事情。

这又怎样?这对你有什么帮助?只要仔细想想，你就会意识到，人并不擅长辨别信息的价值!

如果人们不擅长辨别产品或服务的价值，你又想通过销售它们赚钱，那么你就必须擅长帮助它们转换价值!让人们的大脑像识别毛爷爷那样快速识别你东西的价值。换句话说，你需要“在清单上清楚地印上数字”，这样你的准客户才知道他们应该付多少钱。

以上例子中，“专家”作者给他们的书起的名字，写的描述，让人感觉他们就像是把100元拿出来，擦去数字“100”，写上“10”!这时候你应该明白我的用意了吧。

来，我们讨论一下如何把它立刻运用到你的生涯发展中，你的兴趣项目中，你的业务中，立刻为你赚更多的钱。

这是帮你以更高的价格销售更多产品，赚更多钱的“价值转化”方法。

打开你的思维导图软件，填写三个你最大的潜在客户，以及最令他们抓狂的问题。要迅速，时间不要超过30秒，你的第一反应很重要。

OK，从你写出的这三大问题中，挑出最令人头疼、最令人不安的一个。我想要你选出在情感上最让人感到“痛苦”，最让人忧虑的问题。然后我希望你把该问题真正地转化成一个真实的、可以衡量的实际金额。

比如，你是理财领域的专家，你的利基市场或市场关注点是引导年轻父母，为他们的家庭进行长期证券投资（或保险投资）。

假如你的潜在客户面临的最大问题（他们最大的情感上的问题）是担心他们上年纪后，没有能力承担孩子的大学教育费用（我正在构思一套完整的实施方案，跟着我的例子走，你将会学到很多）。

我想问你几个问题：

- 让他们知道自己的孩子长大后有钱上大学，这值多少钱？
- 为他们解除这个问题的困扰，又值多少钱？
- 他们知道有个有效的办法能够帮他们省钱，保证他们的孩子以后能够上大学，值多少钱？

现在，你可能会说："父母得知孩子能够上大学，不用再担心孩子的上学问题，肯定是无价的。"我可能会赞同你的观点，但这是个傻瓜都知道的答案。我的意思是让你估计一个数字，并解释为什么是这么多。

跟着我的思路走。

比如，我们的潜在客户今年35岁，有两个孩子，分别是7岁和9岁。一对夫妻一年一共能挣10万元（这很普遍），而且他们存在银行里的钱还在不断贬值。这对夫妻非常想让孩子接受大学教育，这样的话，以后孩子自己每年就至少能挣10万元。但是他们担心孩子上不起大学，最后只能从事体力劳动，每年只能挣3万元。这样的话，孩子自己生存都有问题，更别提给他们提供更优越的生活条件了。

据此，我就可以开始策划一个实施方案，把问题的价值转化成实实在在的，可以衡量的金额。

可能是这样的——

如果你的孩子正在上高中，你很担心，因为你没有为他们的大学教育投资基金，最后你可能会损失比你预料中更多的钱。

如果你从现在开始每月攒747元，把它存入一个账户，每月赚取5%的利息，你将能够积攒足够的钱供孩子上学。

如果你每月投资不了747元，你的孩子可能就上不了他们心仪的大学，或者根本上不了大学，即使他们成绩名列前茅。他们最终可能只能从事一份自己不喜欢的工作，赚的钱远低于他们的价值。而有了那个学位，你的孩子每年就可以多挣5万元，甚至10万元。

每月投资747元，投资10年，你的孩子在未来的30年里就能多获得150万元（不用从事他们讨厌的“没有含金量”的低级工作），值吗？

更进一步说，你不用担心孩子上大学的事值多少钱？知道自己孩子肯定有能力上大学，你可以高枕无忧，又值多少钱？难道不值每月747元吗？

现在，你可能猜到了，我使用的就是这些可强烈感知的数据。你懂的！我在用一个一千个“专家”都不一定能想到的方法。我体会到了潜在客户正在经历的情感伤痛，并且确确实实地把它转换成了具体的金额！（你可以看到那些印在纸上的数字，不是吗？）

用这一方法，我还可以做一些其他的工作。比如让潜在客户面对他们为了兴趣爱好而正在逃避的问题，细心构思一个询问类的“推销词”，在此我就不细说了。但是此处探讨的关键点是，你的潜在客户现在已经在以一种全新的、不同的方式思考问题了。

他们思考问题的方式能够给他们动力，让他们立即采取行动。最重要的是，你现在已经“构思”了这个问题，并且计算了如果不以某种方式解决的代价，使得你能够——以高利润销售你的产品或服务，同时又能让顾客觉得依旧很划算！

你信不信，很多人在其生涯发展过程中从未学到过这样的知识。他们傻傻地拜读一些成功学书籍，努力工作，博取领导、上司的满意，并试图加入那些宣传说能让人暴富的项目。虽然他们很有能力，很聪明，但依然不知道到底该怎么做。

如果按照大多数从业人士的说法，恐怕该信息的价值连原先的十分之一都没有了："如果你想知道如何为孩子未来的教育更好地投资，给我打电话吧。我是一个注册投资专家，可以帮你为将来的生活选择正确的投资方向……"

一点力量感都没有，甚至让人无动于衷。

我的那些文字信息有力量，是因为我了解潜在客户的想法，我站在他们的角度看问题，我把他们最关心的情感问题转化成了可以解释的"价值"。

以下是运用这一概念赚取更多收入的方法。

你的每个潜在客户都有个令他们头疼的问题（或一些欲望）。不管怎样，这种强烈的情感动力，能够被直接转换成潜在客户明白的价值。

这些问题（或欲望）可能——

- 是更多的钱！
- 是更自由的时间！
- 仅仅是感觉好！
- 是吸引心仪已久的异性！
- 是找到一份收入更高的工作！

不管是什么，价值才是你真正要"销售"给潜在客户的东西。

首先，你必须确定价值。如果潜在客户想要减肥，那么这个价值可以是每磅多余脂肪耗费的价值；如果潜在客户想要找一份更好的工作，那么这个价值可以是他们在新职位上增加薪资的谈判策略；如果潜在客户想要在家工作，这样他们可以照看孩子，那么这个价值可以是他们和孩子多在一起相处的时间。

如果是你自己，你也要搞清楚你的价值到底是什么。不要只是说我是个大活人，今年 30 岁，从事过……你看吧，大家都是这么干的。今天你学习到的这些知识，将瞬间改变你对自己的看法和做法。在每个把建议和信息作为"产品"销售的业务中，你总能找到方法，把它们转换成一种价值。你必须计算出该价值对你的潜在客户来说值多少钱，这样你才能用那些词语向他们解释投资你的产品和服务的价值。

如果你为如何在家创业的视频收取500元，那么最好能够向大家清楚地解释每天多出的和孩子相处的3小时怎么就值500元。如果你为一场指导客户如何找到好工作的课程收费1000元，那么最好能够把客户投入的1000元在合理的时间内转换成加倍的回报。如果你为指导如何减肥的视频课程收取100元，那你最好能够从健康、寿命以及精力充沛的感觉方面，向大家强力展示为什么花100元并不吃亏……

你和客户的看法一致吗？

价值炼金术之二：命名法

下面再教你一个方法，以使你的信息变得更有价值。让我来告诉你我是如何一个一个地利用这些方法，并把它们结合起来的，这样你就可以为你提供的产品或服务收取更合理的费用了。

那就是为你的方法、技术或者想法命名，让它们的感知价值增值10至100倍。

为什么一般的咖啡只要12元一杯，而星巴克的咖啡要35元一杯？为什么一克拉钻石在普通的商店里2万元就可以买到，而在蒂芙尼公司要卖3.5万元？是不是名称不同造成的差异？

曾经有本杂志刊登了一份消费者调查报告，说麦当劳的咖啡比星巴克口感更好。该杂志最后推荐："自制咖啡吧，给它起个特别的名字就可以了。"

终于，有人发现其中的奥秘了！

"给它起个特别的名字……"

让我们打起精神，讨论一下你能够利用这则信息做什么。作为你所在领域的专家，你为人们提供方法、技术、产品、服务以及系统，使他们得到自己想要的结果。

你可能为他们提供通过锻炼来改善体能并减掉脂肪的计划；你可能为他们提供写信的模板，帮他们吸引心仪的异性；你可能为他们提供销售脚本及话术，帮他们更好地运用营销方法来销售更多的产品……

不管你正在教授什么，它们都可以被称为“想法和策略”。许多“专家”认为策略本身才是价值所在。

请允许我从不同的角度分析一下，你的顾客并不认为你的策略部分价值最高。看到了吧，许多专家认为他们拥有最好的“策略”，他们觉得只有人们付给他们费用，他们才会说出自己的策略。但事实上是——策略无处不在。

现在的“策略”是免费共享的。

打开百度，输入关键词，再输入“方法”或“策略”，你就会得到许多答案。你可以上优酷或搜狐看视频，一天 24 小时学习策略，所以价值不在于策略（虽然策略也很有价值）。那么价值在哪里呢？

给你个提示。

比如，你发现了一系列特殊策略，你把它们归纳成了一个非常具体的体系及秘诀，效果要比之前好三倍。然后，你又花了几分钟时间为你的策略命名，取一个暗含巨大价值的标题……

我们越来越得心应手了！

以下是一些你可能熟悉的例子——

策略 1：如果你想要减肥，想要拥有好的身材和更集中的注意力，那么请吃 40% 的碳水化合物，30% 的蛋白质，以及 30% 的脂肪。有价值的名称——“区域减肥法”。

策略 2：不吃碳水化合物，多吃蛋白质、脂肪以及蔬菜，你将瘦下来。有价值的名称——“艾特金斯饮食法”。

策略 3：使用“优质碳水化合物”让你变得更健康。有价值的名称——“迈阿密饮食法”。

以上节食法如果不起一个霸气点的名字，你认为能被人们注意到吗？我们都知道，答案是不可能！我是100%非常认真的，请你花一分钟的时间想想我所说的。如果没有一个吸引人的名字，这些节食法就不会被人注意到，在亚马逊的排名大概会是437000……创作者也赚不到多少钱。

还有个例子，有一种碳水化合物，深棕色的，大部分由水组成，还有点甜，你能猜出来吗？是的，它叫可口可乐。在它刚进入中国市场的时候，其实不叫这个名字。但是自从它叫这个名字以后，我们都知道它催肥了一大批人，而且现在销售依然很火爆。

我问你几个问题，请如实回答——

你给你那独特的系统或方法或技能命名了吗？你有没有为每一个方法都想一个很棒的名字？你是不是小心翼翼，从未假设过价值在于策略？你有没有确保使用已经证明有效的命名方法（通过使用10～100种甚至更多的方法验证），来增加每个关键信息和方法的价值？

如果你的答案是“没有”，请不要难过，因为别人也没有这么做。顺便说一句，即使你为你的方法或想法命名了，你也可能会犯一些关键的错误。比如用普通的字眼来命名，用复杂或有歧义的词语命名等，这些都是你应该避免的。

关键在于，你花了很长时间来弄明白你知道什么，现在是时候把你知道的展示给你的顾客了，要尊重你投资的时间和精力。去索取你应得的报酬吧！就这么简单。

以上就是我最喜欢的两种方法，能帮你大大增加产品的价值。每种方法都是“炼金术”的一种形式，它们不要求你多投资，却可以帮你多赚钱。是时候开始运用这些方法了，你很快就会获得回报的，相信我。

马上行动吧！不要等待。运用你刚学到的东西，学会自觉地运用它们。每天都用这些方法，很快你就会发现，你正在创造更多有价值的信息和建议，人们会想付更多的钱来得到它。

它可能就是你正在寻找的通向成功的车票，而且是在春运时极难抢到的卧铺票！

P.S. 如果你想把你的事业做得更大，在你的工作或是创业过程中有更加优秀的表现，你还需要深入学习直效营销。很多毕业10年甚至更久的人，都不知道这对他们来说有多重要。下一章我会向你介绍，请继续翻页……

▼ 直效营销导图

我曾经很惊讶地发现，经常有人拿出所有积蓄，甚至借钱，像着了魔一样来参加类似的课程，甚至是大学生、白领和尚无业务或者产品的人。当其他参加者想办法增加自己的利润时，这些没有产品的新手正在寻找一个神奇的成功方法！

现在我一点都不感到惊讶了。学习营销专家的营销秘诀是一项聪明的投资，这些秘诀在任何时候都有股魔力。不管你在做什么，你可以用这些方法销售产品，销售点子，甚至是销售自己，不管是面试工作还是求婚都可以。它是赢得朋友，影响他人，甚至赢得精彩人生的关键。

让我们来谈谈真正的营销——直效营销吧！

什么是直效营销？直效营销就是直接让潜在客户立即产生回应的营销方法。

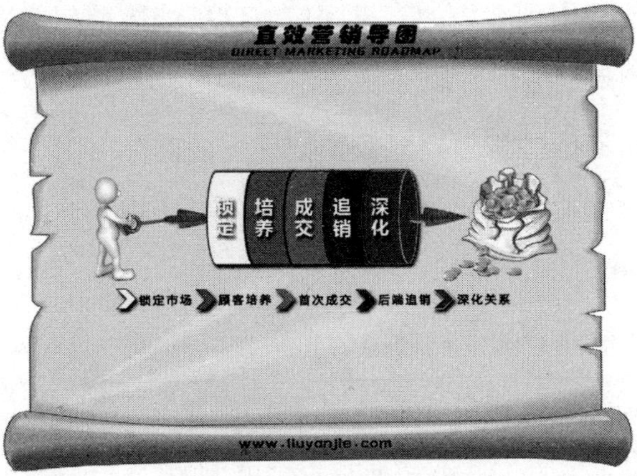

直效营销的策略与执行导图

无论是你做的广告、电子邮件、报纸、杂志、销售型文案、互联网等，一切的营销活动，凡是能够促使客户要么下单，要么电话咨询，要么留下邮件地址索取免费报告，或者加入微信，订阅邮件列表，或者转介绍，甚至登门拜访等，凡是这种能让客户直接采取某种行动的营销方式，都是直效营销。

世界顶级营销大师泰德·尼古拉斯说过：“要么直效营销，要么死亡。”如果有一天作为一名企业高管，你无法学会快速有效地和客户直接沟通的话，这会直接影响你的业绩；当你创业成为老板，你不能做到这一点的话，那么你在商业领域中的日子就屈指可数了。你不可能总是把宝押在第三方身上，或者指望任何其他人。

我们已经走到了一个崭新的时代。再过五年，随着互联网和信息技术对整个社会产业链的不断颠覆，无论你从事哪个领域的工作，处于什么样的职位，具备直效营销能力的人，都将受到最大程度的欢迎，因为这样的人掌握着未来企业生死存亡的核心技能。

换一个角度来说，你的整个生涯发展过程，也是一个不断营销自己的过程。你同样可以把它运用到自己身上，从而快速建立自己不可撼动的核心优势地位！

真正的营销是可追踪和测量的，对于你花出去的每一分钱，都是可测量的。作为一个真正的营销人，你必须非常精确地了解你获取每一个客户所花费的钱数，而且你必须能够得到客户的直接回应。这不能借助想像取得，也不能盲目模仿那些大公司使用的推广方法。

例如，阿迪达斯的广告只要求我们记住它的商标。阿迪公司完全不知道它的每一个广告能带来多少销售额，因为大家没办法直接回应阿迪的广告，当然阿迪也没有要求回应。

耐克要的是我们能记住他们公司的名字，以及那个“对勾”的标志。

此种类型的广告，理所当然地适用于像阿迪、百事、可口可乐和肯德基这样的世界级大公司，因为这些公司拥有资金庞大的广告预算。

这些公司的产品在全球销售——它们拥有庞大的渠道和组织。走进一家商场或超市，阿迪、百事、可口可乐的产品到处都是。想像一下广告对它们所起的作用。

可是你现在没有数十亿美元的广告预算，我也没有。那么我们必须谨慎对待花出去的每一分钱。如果可以，我希望有一些一分钱都不用花的方法。你和我也没有足够长的时间像巨头那样去建立品牌知名度，我们根本就耗不起。

因此——

- 我们的营销必须像激光武器那样精准。
- 我们必须首先锁定那些最有可能购买我们产品的客户。
- 我们必须知道带来一个顾客需要花费的每一分血汗钱。
- 我们必须准确地知道我们带来的客户的终生价值。
- 我们必须有一套精准的系统来进行我们的市场营销活动。

我不想浪费一分钱在笼统的未来构想或请客吃饭上，因为我不知道在实际的销售中，我所投入的将带来什么。

下面是你需要跟踪的几个数字——

- 每一次投入中，能获取到的准顾客数目。
- 每一条渠道的开发，所花费的开发成本。
- 每一笔花费中，在哪里的投入带来了最多的准顾客？投在哪里最有价值？

你必须十分虔诚地把所有这些数字输入电脑数据库，以便你能跟踪每一个月的发展情况。这样，你就再也不需要飞行在雾霾中了。

但是，你必须全面考虑成功营销中的五个核心环节，下面我将具体分析。

第一环节：锁定市场

“逐二兔，不得一兔。”你是否犯过这样的错误呢？

这就跟打鹌鹑一样。一群鹌鹑呼啦啦地飞起来，很多人抬头一看，以为只要一扣动扳机，这些笨鸟就能随便被打中。但是最后发现，除非选择一个目标，调整好射击角度，否则杂乱无章的射击将使他们的努力以失败告终，连根毛都打不着，子弹倒是越来越少。

对于这样的猎人，你会作何想法呢？从来没有目标，只会将枪到处乱指，不断扣动扳机，这样的猎人是无法将战利品带回家的。

猎人需要一个目标。他要确定、识别并认真地瞄准他想要击中的目标，除此以外再无任何其他方法。

这才是你必须要做的事情。确定你的目标市场到底在哪里，然后对准它们。

你应该调查研究的是如何锁定目标市场，即了解你的准顾客是什么样子的，他们的行为如何，感觉如何，以及说服他们的最有效的沟通语言是什么。

你的目标市场不能是所有人，它需要非常具体。为什么呢？因为大多数人都想要感觉到自己很特别，他们希望自己是唯一的。

比如说，你的广告是这样的：“只要您吃东西，您就需要这个！”你或许会认为这是一个非常好的目标，因为每个人都要吃东西，所以每个人都会需要我的产品，这样我就发财了！如果你的思路是正确的，那么所有的饭店、餐馆都不会倒闭了。

这里有一个大问题。大部分人看到这样的广告，之后会这么想：“当然，我是要吃东西，但我是特别的，我可不像其他人那样。那则广告是为普通人设计的，这是对其他人说的，不是我。我要找的，是那些只为我准备的东西。”

请想一想，如果有一件衣服款式新颖，吸人眼球，但你的公司里很多人都拥有一件，那么你还会很兴奋地去买一件吗？恐怕不会吧！

人们普遍讨厌撞衫。你不想和其他人一样，你想要一件可以体现你独特性的衣服，你想要听到别人说：“哇！你真有气质！你真漂亮！我希望我也能有一件那样的衣服。”如果每个人拥有的都一样的话，就不会有人那样说了。

你的广告文案需要为人们做到这一点——使他们感觉到自己很特别。

再说一遍，这需要调查研究才能确定。为了清楚、具体地锁定你的目标市场，你需要提出和回答什么问题呢？

这个时候，你或许会说：“但是，我的目标客户群就是那么大，就是那么普遍，是每个人都应该有的东西！”不是不可以，但秘诀是——将大的群体拆分成一个个更小的部分，然后再分别以更小的部分为目标。

你可以确定这样的目标——

- 中餐热爱者。
- 偏爱在家里吃饭的人。
- 每周在餐厅吃饭至少三次的人。
- 喜欢自己烹饪的女人。
- 好吃但讨厌烹饪的男人。
- 喜欢吃垃圾食品的青少年。

方法就是，要找出一些特别的东西。你可以这样说：“嘿，我了解你。我知道你是独一无二的，是非常特别的。这并不是为每一个人准备的，而是只为你一个人。”

然后，你就可以为每一个小的目标提供个性化的东西了。

伟大的市场营销大师罗伯特·科利尔说过：“你的市场目标就像池塘中的鱼，只要你找的池塘有很多饥饿的鱼儿，并且使用它们喜爱的饵，你就可以很容易地抓到它们。如果鱼儿不是很饿，或者不喜欢你的饵，那么它们是不会上钩的。”

第二环节：顾客培养

让我们现实一点，不要把钱和时间浪费在没有必要的客户身上，而要集中在那些正在寻找你的产品或服务的准客户身上。

不要把比萨卖给那些不饿或不喜欢比萨的人，要把注意力集中在那些已经饿了并热爱比萨的人身上。找出谁热爱比萨的其中一个方法是——提供一小块免费的比萨。

比如，我家楼下新开了一家红烧肉餐饮店。我第一次去是因为他们提供三块免费的红烧肉。我喜欢吃肉，特别是香喷喷的肥肉，所以我被吸引到了那里。

因为我是第一次在那里用餐，他们推荐我免费办会员卡，而且还送了10元，直接充到我的卡里，下次消费时可以冲减。他们还用了一招来“勾引我”，用餐后，他们给了我优惠券。与其他餐馆不同的是，他们用的不是普通的纸质优惠券，而是把优惠券转换成现金，直接存到我的卡里，而且每次去消费都会有这样的优惠券，这种感觉很爽。

我经常会收到他们发来的优惠券、特别活动通知、新品推出的短信等。如果我的生日到了，他们会提前发来短信祝贺一番，同时给我一个比平时更优惠的用餐机会，这是非常吸引人的。

于是我就经常去吃，我已经忘了我是个正在减肥的人。即便老婆一次次告诫我，我还是经常忍不住偷偷跑去吃上一顿。现在，他们的老板小王已经和我成了很好的朋友。

这个策略对他们来说有几方面的好处。

首先，在一定时间内免费提供红烧肉，可以吸引喜欢红烧肉的顾客。当然，他们不太可能提供免费的大餐，因此也不会有大的损失。

其实他们很清楚，只要我进店，就会有其他各种各样的消费，比如饮料、其他菜品等，最后我的账单肯定会超过50元。而且我还可能带朋友一起来吃饭，因而他们绝对不会因为免费食品而有任何损失。

第二，他们为客户做了一件有意义的事情。

因为免费的三块红烧肉，让我对他们印象很好，虽然那不值什么钱，但是让我有了一点占便宜的快感。

随着我去的次数越来越多，他们从我身上赚到的钱也越来越多，我的减肥计划也受到越来越严重的威胁。

提供一些免费的物品，对目标客户来说是一个巨大的诱惑。比如一册关于××的免费指南，一份关于××的免费报告，或一本关于××的免费书籍等，这些都是非常高效的吸引准顾客的方法。

你也可以提供免费的主题报告、消费者指南、图书、样品以及服务，这些广告可以刊登在网站、报纸上，或者通过电子邮件的方式让你的准客户知道。

一旦你吸引了你的潜在顾客，让他们成为你的准顾客，那么相关的筛选、整理、分类工作就可以开始了。这时就进入了客户培养阶段！这一阶段是非常重要的，是你“培养忠实顾客”的前奏。你需要持续不断地免费提供你所知道的他们感兴趣的有价值的信息。

记住，人们喜欢通过诚信的方式接受教导并获悉他们感兴趣的话题。当你的顾客已经对你的产品或服务有了兴趣，你要坚持“喂”给他一些直接的、实战的、有趣的和有价值的相关信息，“喂”给他们更多你用以钩住他们的“饵”。即便他在理智上知道你的目的是销售，他也仍然会视你为可靠的信息来源，因为他开始变得信任你了。

假如你提供人力资源培训，你可以准备一些免费的、有价值的、平时很难找到的报告，让他们下载学习；假如你开的是一家养生馆，就应寄送一些月报，介绍个人护理保养的知识，还有个人理疗方面的最新消息。

无论从事什么工作，你都能想出一些对潜在客户真正有价值的信息资料。那都是你为他们精心准备的，他们会感受到你的用心付出。

你的顾客还没有从你那买东西，仅仅是由于某些原因，或者是他还没准备好。

但他是有兴趣的，他喜欢从你那得到消息。你的任务就是确保当他准备购买时，首先想到的是你而不是别人。

如果他感觉从你那里获得了非常有价值的免费信息，那么有 80% 的可能他最后会从你那里购买，而非从你的竞争对手那里购买，因为你的竞争对手不可能像你这么做。这样的好事就发生在他准备好之时，而这绝不是一时冲动！

当你完成了这些工作之后，你就会紧紧地拴住目标客户的心，用你的真诚和无私。这个时候，你就已经把他们从茫茫人海之中抓取出来了。他是如此近地站在你面前，你们就像老朋友一样。

谨记，你要成为一个受欢迎的人，而不是一个大喊大叫的讨厌鬼。

第三环节：首次成交

实现成交是所有生意的目标。只有生意做成了，你才能获得一切。我不会在这里讨论太多的成交技巧，因为如果你在营销上做对了事，你就不需要任何成交技巧。

当顾客准备好购买时，他们自然就会做出决定，而且会是从你那购买，因为你已经赢得了他们的信任。这是免费、有价值信息的自动营销以及免费服务带来的。通过做这些，你保证了你的名字经常出现在你的顾客面前。

你会发现，我通过我的网络平台和公众微信账号（LYJLQT）不断提供我那些价值连城的“赢家谍报”，目的就是要你建立对我的信任，让你相信我是一个真正贡献价值的人，而不是一个不断向你推销产品的人。

只要按照这种方式去做，你就能确保顾客与你进行交易比与别人交易来得更容易。加上一点，相比那些陌生人来说，人们更情愿与认识的人做生意。

第四环节：后端追销

那些再次购买产品的客户，与第一次购买的客户相比，有多出 3 ~ 5 倍的可能性会继续从你那购买产品。

只购买一次产品的客户还不能算是忠实客户，他们还在试水，他们只是给了你一次表现的机会，表明他们愿意尝试相信你。如果你不能做到你所说的，那你就没有下一次机会了。

能否获得后端销售取决于两个因素，一是他们是否会再次需要此产品或服务；更重要的是，第一次和你交易的经历他们是否满意。如果你的客户从你那里多次购买产品，则意味着他很满意跟你的交易，那么你就有机会将他们变成你的忠实客户，甚至终身客户。从他那里，你可以赚到更多的钱。但是别忘了，一定要给予他更加超值的服务和价值体验。

第五环节：深化关系

见过黑熊掰玉米吗？你大概没见过，但你一定听说过。那只笨重的黑熊在玉米地里掰一个丢一个，最后费了半天劲，手里还是只有一个玉米。它是不是很傻啊？

现实中很多人就是这么做的。你仔细想想，是不是经常会有类似这样的经历：你走进一家服装店，买了一件衣服，然后走出店门，消失在茫茫人海……在这个过程中，老板做了什么？该死，他居然什么都没做，而只是对你说："走好，欢迎下次再来！"你再想想，你回去的几率有多大？很小，不是吗？

开发一个新客户的成本，是维护一个老客户的六倍。除了努力去开发新客户，你应该付出同等的努力去维护你的老客户。当他购买了你的产品后，从某种意义上说，他就已经是个"老客户"了。但是很多老客户就这样跑掉了，你说可惜不可惜。还有那些没有购买的，你花了广告费招揽进店的人，他们过来踩了一下你的地板就走了……失误！重大失误！

大多数生意人投入大量的金钱和精力去寻找更多的新客户，然后新客户走了一大批，老客户也走了……

实际上，他们最该做的是——确保他们的老客户开心。

你的大块收入来源于你 20% 的客户，这就是著名的 80/20 法则。80/20

法则意指你 80% 的收益来自于 20% 最有价值的客户。

事实上，此法则适用于几乎所有的人类行为——80% 的财富是 20% 的人创造的，你收入的 80% 产生于你 20% 的工作……

我喜欢临沂涑河北街的一家咖啡馆，但凡有朋友过来找我，我都会带他们过去坐一坐，那里似乎已经成了我们交流思想和绝密商业信息的“根据地”。

你也应该创造属于你的产品或服务的粉丝，就像咖啡馆培育粉丝一样。

即使没有粉丝，至少也应该培养一批拥护者，他们不仅忠诚地从你那购买，还介绍别人购买。由于他们太爱你了，以至于愿意成为你的免费推销员，这真是极好的事情！

大多数公司从未停止过他们在获取新客户上的努力。他们认为，一旦客户进来了，他们相应的营销工作就没有什么作用了。他们对待所有的客户几乎都一样。这可是一个严重的错误，因为顾客发生购买行为之后，真正的营销可以说才刚开始——开始进入建立关系环节。

营销的终极目标并不是寻找客户，这只是其中的一个步骤。营销的目标应该是找到潜在客户，把他们变成购买客户，然后再变成你的拥护者。当然，前提是你的产品值得拥护。

这就是最基本的流程，我们所有的营销策略和方法都必须基于这个流程展开。你的每一次行动，都要去思考这个流程。这是一门内容丰富的学问，如果你想让直效营销更好地助力你的生涯发展，无论是在公司工作还是创业，你可以订阅我的“赢家谍报”。在我不断更新的“谍报”中，你会震惊于它的精妙。

现在，让我先带着你小试牛刀，将直效营销以一种最简单的实战方式展露给你！

▼世界上最好的创业方法

创业，是生涯发展的高级境界，是真正获得财务自由的不二选择。所以这一节，是为那些真正有梦想和闯劲的人准备的，是给这些人的重大福利！我不想给你一些泛泛而谈的东西，也不想大谈创业的感想和百战艰难。实际上，如果你掌握了真正的“关键所在”，这并不是一件上刀山下火海的事情，相反，它充满了乐趣和惊喜。

让我们谈点立刻就能用得上的东西吧！我知道，正在阅读此书的你，很可能已经寻找过无数的答案了，而且它们很可能已经让你失望透顶。现在，让我告诉你真正的“诀窍”吧！

在开始这个话题之前，我想你一定要了解上面我所讲的直效营销知识，这是你开始整个计划的一个基础。创业不懂营销，就如同在漆黑的夜晚行走在悬崖边上，你却没拿手电筒。

现在请想一下，如果将钢笔、白纸以及某种产品或服务的想法放到一起，就能创造几十万、几百万元的利润，是不是很让人不可思议？

事实上，开创一项事业并不需要很多资金。你在这里学到的一些基本的秘诀，将不只是弥补你没有办公室、没有职员以及资金的不足。

下面即将讲到的方法，已经受到了一些精明商人的青睐，而且很容易做到。尽管以我的经验来看，这对大多数人来说都是一个惊人的启示。

毫无疑问，像是零售商店、制造工厂、饭店等传统生意，是需要你全身心投入其中的。如果你想要挣到一元钱的硬币，就要做好用所有的钱孤注一掷的冒险准备。不仅如此，更为不幸的是，在把所有的冒险完成之前，你不会知道最终是否能挣到钱。

还有更为不幸的。当你胆战心惊地期待会有一个不错的结果的时候，这些传统的生意并不能像本书所教你的那样，给你带来强大的利润增长。

我在这本书中所说的生意，是运用直效营销来驱动的生意。你在做这项生意时，只用 30 天就能看出是能盈利还是会赔钱。你也能很快发现，如果你的产品卖得便宜了会导致多少损失。绝大多数情况下，你的损失可以忽略不计。

猜一下做这笔生意最好的地方在哪里？你现在可以坐在你的卧室里，或者是办公桌前，当你构思好你的销售文案，准备将你的产品在恰当的时间发送给在恰当的地方等待的恰当的人的时候，你就拥有了价值连城的资产。

当你确认了方向，确认了一个大市场或小的利基市场，锁定了和你有同样爱好的准顾客，确定他们愿意为自己想要的东西支付金钱的时候，那么接下来，我会详细地教你如何在极短的时间内创造出能够销售的产品。因为读这本书的你很有可能还在上班，那么，这个创造产品的方法将帮助你将你的专业或者爱好，瞬间转化为可供销售的系统、服务等你愿意“变卖”的形式。

正如我所承诺的，我希望你在读完本书时，能够立刻拥有一个可以执行的计划。我是个急性子，我不喜欢等待，我想我的读者也是。

我一再强调要快速行动起来，而不是书本一合，找个地方一躺，然后睡到第二天，把所有这一切好不容易提振起来的精神头消磨得无影无踪。

你明白我的意思了吗？我希望你行动起来——现在、立刻……

▼ 成为一个细分领域的专家

这真的很容易，信不信由你。前面我已经告诉过你快速成为一个专家的步骤，但那还不够，你需要知道更多“内幕”。

我不在乎你现在是不是一个菜鸟，对自己将要确定的产品或服务有多了解，或者你仅仅只是爱好，对该领域内的情况一无所知。当你阅读完这节内容时，你将成为一个专家，甚至一个打造“专家”的专家。

如果刚好你就是所在领域的专家，那就更不用担心什么了，你的一技之长将让你收获颇丰。嗯，我一直通过文字描述来提醒你，不要局限于你的思维，你能做的其实很多。正如我前面提到的，你唯一需要的就是展开你的想像！

下面我来教你怎么做。

任何群体都由以下三部分人构成——

- 小部分什么都懂的人，这种人叫做“大神”。
- 部分几乎对什么都一无所知的人，这种人叫做菜鸟。
- 大部分知道一些，但还想知道更多的人。

小部分什么都懂的大神已经很厉害了，他们非常满足于自己拥有的一切，你很难说服他们。部分几乎一无所知的人，既然他们一无所知，就说明他们根本不感兴趣，你不要试图劳心费力地教育他们，那是一件困难的事情，如同把皮鞋卖给非洲土著。

顺便多说几句，把皮鞋卖给非洲土著是个营销故事，是个传说，不要搞得跟真的一样。你也不要试图把梳子卖给和尚，你根本不需要挑战如此高难度的动作以显示你多优秀，否则你多半会以失败告终。

最后一组人数最多，他们已经发生兴趣，并且有欲望获得更多。这些人才是你的目标受众，你的猎枪要瞄准他们。除此之外，你眼里不需要再有其他人！

我们就聊聊高雅的高尔夫吧。你能想到的任何产品或服务都可以这样分解。

对于一名接触高尔夫时间不长的业余爱好者来说，在正确的指导下，经过一段练习场和实地练习，突破一百杆并不是一件很困难的事情。但是如果想要更上一层楼——突破九十杆并且稳定下来的话，就不是件容易的事情了。

这位高尔夫爱好者的平均水平远远低于大神级别，他可能会通过订阅相关杂志，或是观看视频，来学习怎么打高尔夫球。

但是你知道吗？他对那些高尔夫球的潜规则一无所知。他不知道什么时候该使用封闭站姿，什么时候该使用开放站姿；不知道观察、评估、计划，以及运用合理的战略战术最大程度地减少杆数。

啊，你可能就是这个人。这没关系，因为你要知道，把高尔夫专家和“菜鸟”区别开的是——绝密信息！

绝密信息在哪里呢？你猜对了，在杂志上、网上和新华书店里。在这些地方，你可以找到关于高尔夫的部分资料内容。你可以通过快速阅读每一则信息、每一本书的方法了解相关内容，你可以把信息复制下来，把书买回来，总之第一步就是收集资料，海量地收集资料。

坐下来，打开第一本书。先读目录、标题。现在，因为你已经选择了你感兴趣的话题，所以你应该了解书中的每一项内容。我们在寻找能帮助普通高尔夫球手提高技能的信息，具体来说，你是在寻找大多数人忽略的，不为人知的"秘密"，来帮助提高他的球技。

这里有一个窍门，请自问自答一下——

- 什么可以让普通高尔夫球手兴奋？
- 他最在乎的是什么？
- 什么才能在一瞬间吸引他？

如果你打高尔夫，你就会知道答案了。普通高尔夫球手最梦寐以求的是能够打出又远又直的发球，他想通过击出极远又极准的球，来体验那种使他的同伴自惭形秽的感觉。

这样，你就知道该在书中找什么了，你应该寻找能帮助普通高尔夫球手发出远球的信息。当看到相关的章节时，就好好读一读。

不要让自己感到困惑，或被难住。如果作者还没讲清楚，那么继续前进，不断学习，跳过无聊且不相关的部分，大量地记笔记。当然，你也可以用思维导图梳理出来，这个办法能大大提高效率。

工欲善其事，必先利其器。不断汇总与发球相关的信息，尤其是大多数人不知道的独特信息。

经过一段时间的阅读之后，关于发球，你就比 90% 的高尔夫球手懂得都多了。不久之后，你将学到足够多的"高尔夫术语"，你足以坐下和泰格·伍兹聊天了，如果你英语水平足够高的话。

在你读完了那一堆资料和书籍，并从中精选出了关于这个话题的最好信息，那么恭喜你，你现在已经是专家了。

要成为高尔夫专家，你不必打得一手好球，就如同皇马的教练不需要比队员踢得好一样，因为关键不在这里。专家之所以被当做专家，是因为他们的知识储备丰厚，而不是因为他们确实技巧高超。努力的方向不一样。

此外，当你看过了几乎所有有关高尔夫球的书以后，你就会发现一个大秘密——大多数书写得都很糟糕，传递不了多少读者需要的信息。

事实上，一个人不是因为他知道的多就能成为“专家”了，他成为专家是因为他将自己知道的写进了书中。通过这样的学习，你确实知道了很多人都不知道的东西，别人也确实需要你知道的东西，所以写下来即可。这有什么不可以吗？完全没问题。

就像大学里教授市场营销知识的老师一样，你认为把他拉到市场上，他的营销功力真的强过刘老师吗？我看未必！（sorry，我不谦虚了一下……）但是他们一样在教授这些知识，并且被学生尊重，而且他们教出来的学生也真的能靠销售吃饭。

最后一步——快速制造你的产品并销售。

我们快要完成了。你已经确认好了自己的目标市场，也已经比平常人懂得多了，而且你专注于需要被满足的地方。

我再补充一下，即使你已经是所在领域的专业人士，你也一定要用同样的方法启动。如果连那些对你的行业并不精通的人，都能通过这样的方法抢你饭碗，你还好意思说你没准备好吗？

你明白我的意思了吗？但愿如此！

现在，是时候确定你的产品了。找出能大量销售的产品需要遵守以下简单的几步——

- 发现别人忽略掉的信息，你完全有理由称之为“秘密”。
- 仅仅关注那些能迅速见效且简单易用的信息。

- 确信得到的效果会好得让人几乎难以相信它是真的。

如果你发现一些高尔夫球手在练习举重，以酸奶充饥，并且在雪地里裸睡休息之后，发球距离可增加十码——而且要一直这样，坚持不懈，那么即使是最疯狂的高尔夫球手，也不会那么狂热了。

但是，如果你偶然发现一个霍根（世界上最伟大的高尔夫球员）临死前忘记告诉别人的秘密，只要掌握了这个秘密，就可以增加三十码之外击球的准确性，那么你就掌握了任何一个高尔夫球手都愿意购买的东西。把那个信息写下来，你就完成了一本书（或者绝密报告）。

你不需要写得多好，也不需要多有文采，那都不是重点。你已经看到了，大多数的书都写得让你想骂人，你一定会做得比他们好。将你所有的智慧都用在我后面要讲的广告文案中吧，除了有一个绝佳的产品之外，它就是一切的重点和核心。

或者，你也可以将所有信息录制成视频，要记得，关键是你的产品要以有价值的信息为基础。你的产品反映出的信息才是最重要的，而不是它的表现形式。如果某个你心仪的异性给你留了电话号码，你才不会在乎它是不是用铅笔写在脏兮兮的餐巾纸上呢，对吧？

重要的是电话号码——那些数字中所传达的信息。

相反，如果一个想要靠你血汗钱来赚取提成的保险业务员递给你一些数字，即使它是写在有史以来设计最漂亮、最昂贵的镀金卡片上，你也会转手就把它丢进垃圾桶。

如果你是个保险业务员，我无意冒犯你，其实你完全没有必要采取这种方法来传达你的信息。你可以用我的方法让潜在客户感受到真正的价值，而不是像其他人那样到处发传单，或者打骚扰电话……

不要为表现形式发愁。在拍摄“视频”时，你可以使用便携式摄像机，你可以使自己的书或报告尽量简单些——将打印纸装在活页夹里即可，这根本无所谓。有人甚至愿意花费 5000 元来购买极难寻找到的“绝密营销资料”。你知道吗？那些信息是用扫描仪在实体书中扫描出来的，而且扫描水平还不高，很多页面和字体都呈波浪状，甚至还有的是 PDF 电子版。就这样，5000 元，你还很难买到！

告诉那些沉溺于自己爱好中的人，你发现了一个被别人忽略掉的绝密方法，你可以帮助他们。他们会给你回报的，因为你真的戳中了他们内心深处极度渴望被满足的那种欲望！回去翻翻都有哪些让人类不能自拔的欲望吧！

这个世界有太多问题和麻烦在不停地折磨着很多可怜的人，有很多可以解决人们遇到的每个细节问题的智慧，却被人们忽略、遗忘，没有好好利用。阅读一切与你所遇到的问题有关的东西，不断查阅，直到你找到答案。这个方法，在前面的章节中，我已经反复地提到过很多次了。我之所以反复提及，就是因为它们真的很重要，而且它们能激活你那慵懒的大脑，让它真正发挥它本该具有的神奇力量！

最后我要再补充几句。

在本节中，你已经发现，我给你的建议是制造“信息类产品”，因为信息类产品能够完全按照你的意愿来制造。最重要的是，它是所有人都能够制造的，不受外在条件的限制。当然，如果你对实体产品情有独钟，那么以上原则同样适用。关键不在于产品，而在于你要找到一群乐于掏钱购买的人，也就是你的目标市场。剩下的工作，就是运用你的智慧，将产品或服务传递给需要它们的这群人。

▼ 搭建属于你自己的平台

在前面的概念部分，我已经告诉过你需要有一个自己的博客或网站，我们将其称之为一个与外界产生链接的“互动平台”。

在这里，我们来具体谈谈如何去搭建这样一个平台，以便帮助你建立起与外部世界的沟通。这个过程很有趣，也充满挑战，更重要的是你要意识到，这将带领你在你的职业生涯中赢取惊人的财富。

我们先来看看构建平台的好处。

首先，平台可以让你积累知名度。这个世界其实就是一个大舞台，有些人选择在别人的舞台下当看客，有些人选择自己搭建舞台，在人群中脱颖而出，让每个人都看到他。在当今这个时代，让别人关注你变得比任何时候都重要。

其次，平台可以让你无限地放大自己。现代媒体技术，尤其是社交媒体，提供了无限的可能和机遇，能够让你的声音传得更远，更久。就像我自己的网站：www.liuyanjie.com，无论是我发布的文章还是视频，只要我不删除，就会永远留在那里，每个人都有可能看到，并且转载到自己的 QQ 空间、微信、微博。这样一来，又会有更多的人看到，并转载。就连我自己都不知道它们被阅读过多少次，影响了多少人。

最后，平台能够让你做你真正喜欢做的事情。在这里，你完全独立自主，只要不触犯法律，传播阴暗面，你可以畅所欲言。你可以与浏览者进行互动，可以带领他们追寻某种有积极意义的结果。正如中国移动动感地带的广告语："我的地盘，我做主！"

现在，你已经理解了平台的基本好处。下面，我将带领你为你自己以及你的产品和服务，或者你的事业搭建一个大舞台，带领你一步步构建你的"网络大本营"！记住，这是一个非常有杀伤力的生涯发展策略，我之前从未如此完整地透露过其操作细节。

构建平台时必须要避免的错误

当你开始考虑建造一个具备强大影响力的平台时，首先要有一个明确的目标。你要对你的平台将要成为什么样子进行详细描述，你要清楚地知道你将要提供怎样的解决方案，以及要给浏览者什么样的访问环境等，这一切你都要了然于心。

关键是你不要让你的平台犯以下错误。

（1）错误一：在众多的平台中，你不是很有特色！

有很多网站平台看起来是类似的，内容是相似的，作用也是相似的——纯展示。但你要明白，人们到你的网站平台去，是要找一些有用的资料和信息来解决他们的问题。如果访问者一看你的网站不是很特别，你也不是问题的解决者，他们就会选择离开。

网站平台最常见的错误，就是没有让自己在茫茫的竞争对手之中有意义地脱颖而出。有意义，指的是你的内容必须能给客户带来实际切身的利益，必须是他们想要的一些东西。如果你只是在人们不屑一顾的东西中脱颖而出，那是没有用的，你无法靠它们完成顾客的培养。一旦你有了自己独特的卖点，你就可以通过网站平台一战而红。

如果你做得很好，你的浏览者就会觉得，如果不与你接触下去会很可惜，很愚蠢，那么你就成功了。

（2）错误二：缺少增加平台访问量的策略。

很多人都会很好地设计他们的网站，但是却忽略了增加访问量的问题。如果你认为只要创建好了你的网站，就会马上有很多的访问量，那你就太天真了，这是不可能的。即使你的网站设计得很好，你要知道，在这个注意力短缺的时代，有太多因素干扰访客的眼球，他们很容易忽略掉有价值的信息。这个道理很简单，酒香也怕巷子深！

你的网站平台应该运用以下几个策略增加访问量。

第一，搜索引擎。你的网站平台必须要包括一些免费的和付费的搜索引擎。在你开始创建自己的平台之前，你应该决定网站平台的搜索关键词是什么，而且应该是最佳的搜索关键词语。这样的话，你就可以通过这些关键词语来创建你的网页和内容了。比如我的网站平台，我总是在文章中不失时机地提到“生涯发展”，这样的话，百度等搜索引擎就会抓取到，然后引导搜索这些关键词的人到我的网站上来。

第二，链接策略。你应该去一些你喜欢的网站上申请一些链接，这样不仅可以直接从这些网站上获取一些访客的点击率，而且会让你的引擎搜索位置排得很高。例如，你可以利用天涯、猫扑等有影响力的论坛，借助这些论坛，将你的关键词嵌入到你所发布文章的标题和内容中。这样一来，你的信息将凭借这些高人气的论坛排到百度靠前的位置。

第三，联盟推广。对一些成功的平台拥有者来说，终极的行销策略就是创造一个联盟推广团队，只有在卖出东西的时候才付钱的那种。这是免费获取网站流量最好的形式。大多数的网站平台都可以通过某些简单的产品或服务，创建这样的联盟方式。

注意，如果你想经营好一个成功的联盟，你就必须要建立一个行销计划。这个计划要有流程，有步骤，最重要的是，你要保证这个计划中包含的产品和服务是可升级的，否则就是一个没有后端利润的怪胎。

第四，病毒策略。每个网站平台都应该有一个病毒策略部分。“病毒”，是指用“强迫”的方式告诉别人你的网址。以下是一些最好的病毒策略技巧。

- 发一些免费的电子书，其中包含你平台的链接。我在外面发布了很多免费的电子版资讯，光是通过这些资讯找到我的人就有很多，而且不花一分钱。
- 提供一些免费的多方参与课程，里面包含你网站平台的链接。
- 在网页上安装分享按钮，鼓励人们将带有平台链接地址的文章或视频分享给他们的朋友。只要你的文章满足他们的需求，这个分享将呈指数级增长。
- 为一些平台或产品服务写一些文章，在它们的平台上链接你的网址。
- 宣传并鼓励人们提出意见、留言，形成良好的互动。

- 在现实生活中宣传。除了在网上宣传以外，当然还要在现实生活中宣传。这不用多说。将你的平台网址印在你的名片上，你的资料上，以及你的任何能出现对外文字的地方，甚至印在你穿的T恤上。这也算是一种O2O模式呢！

（3）错误三：没有获取访问客户的姓名和邮箱地址。

也许网站平台拥有者所犯的最大错误，就是没有积极地获取网站访问者的名字和邮箱地址。这一点非常重要，因为你一旦有了访问者的名字和邮箱地址，就可以多次免费联系他们，这样就能让你更加主动地与他们建立关系。以下是收集姓名和邮箱地址的一些好的策略。

第一，将注册栏放在最显眼的位置，如果合适，放到每一页上。当访客在你的平台上逛的时候，如果发现一些很有趣的内容，就会通过网页上的注册栏（获取访客姓名和邮箱的设置，你可以用 QQ list）注册。如果你在网页上放置了注册栏，就相当于时刻提醒你的访客去注册。

第二，在你的网页上设置一些有价值的“弹出框”。虽然这些“弹出框”会让访客很头疼，但是毫无疑问，这种方法非常有效果。运用这种方法，可以让注册量上升到40%。只是这个方法有时候会让人觉得很不情愿，所以我自己没有采用。

第三，保留特别资料的使用（下载）权限。这是一种非常强大的方法，可以让网页访问者留下他们的姓名和邮箱地址。在您的网站上保留非常有帮助性功能的软件工具的使用（下载）权限，如果访问者想要的话，就必须要先注册后才能使用。一物换一物，大家各取所需。

第四，保留有趣和有帮助性信息的浏览权限。只让访问者看到你文章的内容简介，如果访问者对此兴趣极高的话，一定会欣然注册用户名，来获取阅读权限或完整的资料。这个方法可以最大限度地锁定访问者的邮箱地址。

（4）错误四：没有使用引人注目的标题和副标题。

80%的阅读都来自强大的标题。当然，网页内容也一样。那些越有噱头的标题，越能吸引读者去看，也就会有越多的注册信息。你的标题的唯一作用，就是让你的访问者有继续看下去的欲望。

有必要的话，还需要副标题来协助标题完成这个任务。副标题可以让访问者了解大概的内容，因为大多数访问者只是粗略地浏览。

再说一次，如果有标题的话，人们阅读的概率是没有标题的8倍（保守估算）。

我的“聚能文字兵法资源库”里面，收集了数千个可供参考的标题供你挑选使用。

（5）错误五：枯燥乏味的内容。

有很多网站平台的拥有者都不知道怎样编写网页内容，大多数的微小企业和个人网站平台网页内容都很枯燥，混杂了一些没用的信息。以下是一些能给枯燥的内容添加调料，增加魅力点的策略。

第一，真实的故事。人都是好奇的，内心深处都有一个小小的偷窥者，都喜欢探讨别人的隐私。为什么会有那么多的狗仔队呢？还不是因为有我们这些好奇心重的看客在嘛！

真实的故事，会让你的文章魅力大增。例子我就不多举了，你在网上看看那些点击率最高的事件的标题，就知道是怎么回事了。

第二，运用案例说明问题。案例说明很重要，首先，它满足了人们的好奇心。其次，案例更有说服力，更容易让人产生信任感。最后，它给了读者最想要的东西。

访客们想看看，如果使用了你的产品或者服务，会得到什么样的好处和利益。案例说明恰好回答了读者普遍的疑问：这个产品或服务对我来说有什么好处呢？它如何能帮到我呢？

当你列举案例的时候，可以考虑使用下面这个公式：

问题→解决方案→效果

换句话说，案例研究应该把问题展现出来，提出解决方案，并报告结果。

我在“赢家谍报”的有些文章中就用了这个方法，以后也会呈现更多的案例给读者。

第三，使用有内涵的图片。人们都喜欢看图片，因为人类是视觉动物。俗话说，“一张图片，胜过言语数千。”图片能传递很多信息。如果你能够娴熟地运用导图工具，你也可以制作出一些很有逻辑性和层次感的导图，便于读者理解你的文章。我本人喜欢用导图制作视频，当然，有很多视频我没有公布在可视区域，都是供学员特训学习用的。

第四，运用简短的言语和段落。想让你的文章或广告通俗易懂，那就运用简短的词语和段落。1 ~ 5 行一段就很合适。20 行、30 行一段的文章是不会受欢迎的，因为这看起来会让人头晕脑胀。人们是不会阅读黑乎乎一片的文字的，不管这冗长的文章多么有趣，多么吸引人。如果你把同样的文字分成小小的段落，每段不超过五六行，然后来一个小标题介绍你的新话题，那么文章的阅读量将会急剧上升，这是毋庸置疑的。

（6）错误六：让人迷茫的导航指令。

如果一个人登陆到你的网站平台，对你的网站导航感到非常困惑，自然就会很不厌烦地关掉，并转向另一个网站。如果你真的想把访客变成客户的话，一个好的导航是必需的。你要知道，人们的注意力是有限的，你不能指望它一次性处理太多的信息。每一个导航对应一个板块，不要看起来像是大杂烩一样，那样的话，还没开始阅读你的内容，读者就已经开始变得烦躁不安了。

（7）错误七：过多地使用一些图表，让人厌倦。

很多负责平台开发的人，都忍不住大量使用一些炫酷的、生动的图表，以此来彰显自己制作的网站有多么专业。

但是用户界面测试显示，大量使用图表会降低访客的访问满意度。

（8）错误八：用一些枯燥的数据和规格来呈现。

你的产品或者服务呈现的第一大败笔就是枯燥。如果你的呈现做得很枯燥，那就不要想着得到人们的目光了，更不用说让他们在你的产品或服务上保持更久的时间。你要像逃避瘟疫一样，逃避用枯燥的方式来介绍你的产品或者服务。

（9）错误九：没有消除访客怀疑的措施。

大多数访客都有非常浓重的怀疑心理，他们从小就被教育不要相信别人。在网上，因为彼此并不见面，这种怀疑心理就更加强烈。你在网站平台上提供的产品或服务，最大障碍就是要想办法消除掉顾客的疑虑。

以下是一些能增进你的可信度，创造你和访客之间信任的小策略。

第一，提供联系方式信息。在每一个网页的底部，都要详细注明和展示你的联系方式信息（如果是个人，为避免电话过多，可以留下联系邮箱或QQ）。如果人们能在需要的时候联系到你，心里就会宽敞许多。

第二，设计一页“关于我/我们”的网页。我发现，“关于我/我们”的网页的被访量是最高的。为什么？因为人们都很好奇，他们想要知道你到底是谁。“关于我/我们”这个网页会告诉访客你是谁，这没有什么要隐藏的，大大方方地介绍自己就可以了。我看很多人还给自己弄个“艺名”，这让我感觉心里很不踏实，其实没这个必要。所谓“行不更名，坐不改姓”，只要你做的事情，分享的东西无毒无害，你就可以光明正大地报上名来。这样，读者更容易信任你。

第三，行业专家的证词。你的产品或服务有没有这个行业专家的认可呢？或者有没有行业专家愿意为你的产品和服务做一些证词呢？展示一些有名专家的证词，将会帮你赢得客户的信任，助你一臂之力。

第四，提供强有力的保证。人们在你的平台上与你交易，担心的另一个问题是：如果不满意的话，能不能把支付了的钱要回来。

向你的访客保证，坚定你的立场，购买你的产品或服务的风险很小很小。正如我的服务一样，我承诺，如果不满意，不但全额退款，还会补偿你1000元人民币，以此表示对浪费了客户时间和精力的歉意。这从另一个角度也展现了我的自信。相信我的这个承诺，目前同行业中恐怕还没有人敢这么做。

我的逻辑很简单，如果你不能帮助人家，还浪费了别人的时间，那你就要补偿，这是一种商业态度。值得庆幸的是，至今我还没有送出一笔补偿款。

第五，提供你的工作和生活照片。人不能和一个冷冰冰的网页做生意，你要将自己的照片展示给别人，偶尔也把自己跟宠物狗一起逗趣的生活照拿出来，这样人们会觉得你是个有人情味的人，容易接触的人。

随着人们越来越追求个性，老一套的商业风格逐渐被年轻人所厌恶。人们不喜欢跟冷冰冰的机构打交道，人们喜欢看到机构后面的人走出来，这让你与客户的距离感瞬间拉近。现在很多明明是国内的网站，非要弄上去一些外国人的形象，其实浏览者已经越来越不喜欢这类故弄玄虚的站点了。

总而言之，要向你的访客提供足够让人信服的理由和证据，让他们购买你的产品或服务。

你要回答客户心中的疑虑——

- 你是谁?
- 我为什么要相信你?
- 你提供的服务是什么?
- 这个服务如何解决我的问题?
- 你的服务的竞争性卖点是什么?
- 有谁买过你的产品?他们使用的效果如何?
- 我怎样才能获得你的服务?
- 万一我不喜欢怎么办?

如实回答以上这些问题，你的销量就会很快上升。

（10）错误十：平台的内容只有你以及你的产品和服务。

我已经说过，没有人关心你，人们只关心自己，以及你能为他们做些什么。没有人关心你得过什么世纪大奖，也没有人关心你住得有多么奢华，这跟他们没有关系。人们最关心的是，你能如何帮助他们解决问题。

我总是发现这样的错误，很多网站平台的网页内容写得满满的，都是自己的企业怎样怎样好，却没有给读者贡献一点价值。

一旦你领悟到，人们关心的不是你，绝对不是因为你长得怎么样才来到你的平台，而是关心你如何能帮助他们解决问题。当你领悟到这一点，你的业务就会开始增加了。

为什么？因为一般来说，人们都是以自我为中心的，都是只关心自己的。虽然你可能觉得这话很难听，但事实就是如此。很简单的一个道理，你每天想得最多的一个人其实就是你自己。

所以，在你的文章中，在你与读者的每一次接触中，要将他们的利益放在第一位。话说回来，你也必须这么做。如果你不能发自内心地、无私地帮助你的读者，那么他们凭什么支持你呢？

这个道理显而易见，但是如果能真正地践行，那么你将会获得人们发自内心的拥护，拥有一大批忠实的粉丝。也只有这样，你才能走得更远。

（11）错误十一：链接、四处乱飘的条幅和突然冒出来的弹出窗口。

这些条幅和四处乱冒的弹窗会让访客对你产生反感，会吓跑你的访客。当然，你也就没有任何销售机会可言了。如果我进入这样的平台，当我正在寻找相关信息的时候，突然弹出一个让我填写什么资料的窗口，我就会很反感，之后会以最快的速度关闭网页闪人。

（12）错误十二：慢加载网站。

你的访客打开网站平台的时间一般不应超过10秒，如果比这更长，他们就会走人。如果说平台的内容很重要，那么它的加载速度同样重要，甚至更重要。国内很多网站平台使用的空间，都是无需备案的香港或美国主机，而且不是很稳定，这样一来，速度就可想而知。一旦流量大一点儿，就会卡顿，甚至死机。

如果条件允许的话，尽量用可以备案的国内主机，最好就是阿里云的云主机。

这个主机无论速度还是稳定性，都堪称国内一流。我用的就是这个主机，打开速度从未让我失望过。

以上是你建造网站平台时一开始就要避免的。相信我，这些都是最基本的要求。

创建你的电子通讯

平台建好了，下面我们来谈谈在互联网时代一个最重要的对外营销策略。

你一定要记住：拥有梦想是一种智力，实现梦想才是能力，这中间差的实在是太遥远了。请将泛滥的智力聚焦修炼成一种独特的能力，将这种能力运用在我们下面要讲的策略上，将其传递出去，实现你的梦想——尽快！

但在此之前，我依然需要提醒你，你今天阅读到的信息，几乎是没有人告诉过你的，因为这被认为是一种“专家特权”！你一定要足够重视它，因为很有可能它会给你带来真正的改变。

这个策略就是，在你所选择的领域或行业，创建属于你自己的令人耳目一新的电子通讯！

所谓电子通讯，就是关于你所在领域，或者与你产品和服务相关的信息，是你提供给目标大众的有价值的资讯。

是不是感觉陌生而熟悉？

这不重要，重要的是，通过创建你的电子通讯，你可以快速建立你的个人品牌、公司知名度，并传递价值。

遗憾的是，我见过很多人想这么做，但都没有成功。除了他们不够坚持之外，更主要的是他们做得很普通，没有什么特别之处，人们对其内容不感兴趣。他们在上面浪费了大量的时间，但却没有惊喜。

就像我一直强调的那样，无论你做什么，你都是在靠“销售”某种东西生存的。如果你不能成交，就不会有美食和漂亮的衣服，更不会有崭新的奔驰汽车停在你的车库里。

（1）拥有电子通讯的全面好处。

你要知道，好的电子通讯，能通过有力的语言控制你的情绪，它能使你高兴、难过甚至疯狂。你可以使用电子通讯显著地建立自己的业务，说服潜在客户成为你的购买客户，说服你的客户增加他们的购买量，更频繁地与你做生意，而且还不止这些。

通过创建一个电子通讯，你可以通知、激励和教育所有看到它的人。你可以让人们认识到你存在的价值，你能帮他们做什么，等等一切。而电子通讯所需的成本，通常比线下报刊杂志要低很多。

换言之，你可以通过高科技的力量，轻松拥有自己的杂志。这是你能掌控的杂志，你做任何广告都不需要付钱给任何人，版面全都由你决定。你也不需要为任何人购买保险，或者忍受他们对你的计划指手画脚。

下面我会列出一堆让你必须拥有自己的电子通讯的好处。

第一，低成本。我已经指出，开通电子通讯最大的好处是低成本，或者说无成本。你需要支付的唯一费用，就是发送电子通讯时使用的网络费用。

第二，良好的客户服务。通过及时直接的沟通，人们能得到良好的客户服务。你可以即时发送一封电子邮件帮助你的客户，即使几秒钟不能到达，几分钟内也会到达。

第三，建立客户忠诚度。这里所说的建立客户忠诚度与传统的理解不一样，它的意思是，当你做什么事情的时候出了问题，比如你的产品或服务质量出现了问题，可以让你快速而直接地与客户进行沟通，以解决他们的问题。

第四，创建一种团体归属感。频繁的交流会让人们觉得他们好像是其中的一部分，这样便强调了人们那种“属于”和“感觉自己很重要”的内心渴望。电子通讯可以让名单成员有一种团体归属感。

第五，提供给你一个现成的高忠诚度市场。你收集起来的名单给你提供了现成的高忠诚度市场，因为他们了解、喜欢和信任你，愿意与你做生意。事实上，你的订阅者可能是你商业活动中最重要的资产。

你的电子通讯,也有可能成为你的商业活动中最重要和强有力的营销工具,创立和维持通讯的投资回报是不可估量的。

（2）创建电子通讯的步骤。

既然你已经知道了建立自己的电子通讯的好处，那为什么你还没有这么做呢?

因为你真的有可能不知道该怎么做!

现在，你不用再为这个问题发愁了，我会带你一步步将你的电子通讯创建起来。你要注意其中的每一步，以及每一个细节，这是个富有挑战但却有趣的过程。

我先把整个步骤大纲告诉你，然后再逐一带你分析这个过程。

步骤一：选定你的通讯目的。

步骤二：选定通讯名称和内容。

步骤三：决定你的通讯更新频率。

步骤四：选定你通讯的文本版式。

步骤五：捕捉电子邮箱地址和订阅号。

步骤六：对外公布你的电子通讯。

步骤七：不断检阅和改善通讯，别放过每一个让你更加完美的细节。

这些步骤看起来都非常简单，但你一定不要忽略每一个步骤。越是简单的就越有效，太复杂的很难立即执行。你需要花一定时间思考每个步骤，了解如何才能推出一个高含金量的电子通讯。

让我们来运转一下大脑。

第一，选定你的通讯目的。

通讯可以有多种目的，这取决于你的目标。例如，你的通讯可用于——

- 建立你的声誉和行业专家地位。
- 销售广告。
- 销售你的产品和服务。
- 公告新产品、新服务。
- 写一本书。
- 出租和销售收集的电子邮件或微信账号。
- 保持与读者、客户的联系。
- 增加你网站的流量。

……

无论目的是什么，你必须调整通讯内容，确保与你的目标一致。请允许我给你介绍我的电子通讯——“赢家谍报”。

在我的通讯里，我从来没有出售过广告空间给其他人。那些令人讨厌的弹窗广告，会将我的读者弹跑，而且我是通讯内容唯一的作者。

我本可以出售广告空间给别人，得到其他的收入来源。我也可以减轻自己的负担，让别人为我写通讯。

我没有那样做，因为我主要的目的是与我的订阅者建立一种排他性的信任关系，我不想让烦人的广告和不了解我读者的人毁了这一切。

第二，选定通讯名称和内容。

一旦你知道了通讯的目的是什么，就到了决定它名字的时候了。你通讯的名字必须和通讯内容相吻合。

昨天，我刚为我辅导的一个做地产策划的学员起了一个通讯名——“策动地产”。另外，我会在不久之后推出我的另一个专题通讯——“营销真金”，为你揭露最赚钱、最直接、最快速的营销秘诀，让你不必在营销的迷雾中穿行，进而撞墙倒地。只要你订阅了“赢家谍报”，我会通知你如何订阅“营销真金”。

为了帮助你思考出结果，我来给你提供一些其他电子通讯的名称，相信会对你有所启发。但你绝对不要直接拷贝，那会造成很多不必要的麻烦。

- “律师营销警报”——主题：给律师们的营销建议。
- “卖词”——主题：广告文案撰写。
- “当今的网络商务”——主题：对网络营销的独特见解。
- “推荐笔记”——主题：为金融专业人士推荐策略。
- “这个星期焦点人物的小窍门”——主题：公众形象技巧。
- “利润丸”——主题：广告文案撰写。
- “商业成功”——主题：商业管理话题。

看看这些通讯名称吧，都很有趣，让人产生订阅和阅读欲望。名字确实很关键，我给通讯起名字的时候会绞尽脑汁，考虑各种因素，然后优选出最合适的一个。而且你会发现，每一个通讯都有一个主题，也就是它们都聚焦在一个点上，而不是告诉人们——这里有你想要的一切！看到这个主题，关心这个主题的人就会过来，不关心的人就会走开，这是正确的。你的主题决定你要吸引什么样的人群。

我的“赢家谍报”的主题就很明显——揭露最实战、最直接、最快速的生涯发展秘诀！而我为“营销真金”定的主题是：揭露最赚钱、最直接、最快速的营销秘诀！其实它是生涯发展聚能环“核能加速”环节的具体深化。因为有很多人希望我专门开设这个主题通讯，特别分享一下直效营销知识，所以我就恭敬不如从命了。

我对简短的通讯有着极大的偏见，因为它们总给人一种无法得到满足的感觉。我喜欢长而且可以参考的通讯，因为它们提供“实质性”的东西和价值。这也是为什么我的每一期谍报都比较长的原因。这叫“己所不欲，勿施于人”！

现在考虑一下，在你的行业和领域中，你可以选定怎样的名称和主题。要生动而有趣，最好一针见血！

决定好了名称，下面就是选定通讯内容。你的通讯内容必须和通讯目的相吻合。如果是建立一种关系，可以考虑使用亲自撰写的交互式问答方式。

我采用的就是这种方式，而且每一期谍报下面都会有我的个性签名，签名下面还不忘提醒刘老师是做什么的，看过之后会让人感觉是一个大活人在跟你交流。这是不是比起跟冷冰冰的某某机构交流要亲切得多呢？

嗯，你又学会了一个小而强大的技巧。

无论你的通讯包含了怎样的内容，你都要记住，它有一个特别的目的，就是与你的通讯目标相符合。

以下是一些你可以考虑作为自己通讯内容的想法——

- 近期产业、行业和企业的信息动态。
- 如何给出建议、提示或引出话题。
- 读者对别的读者问题的回答。
- 你对读者问题的回答。
- 读者的鉴定、意见和反馈。
- 顾客的故事和案例研究。
- 客户专家角（给客户的文章）。
- 编辑的观点视角。
- 推荐网上资源。
- 辩论。
- 专家访谈（由你主持，可以是文字、视频、录音等）。
- 产品审查（书籍、工具、网站等）。
- 笑话、格言和轶事链接解读。
- 测试和民意调查的结果。
- 具体项目进展汇报。

如前面所说，你的通讯受你控制，因此内容也只受到你的想像力的限制。那么，如何创建你的通讯内容？

害怕没有能力创建有价值的内容，可能是人们没有开始建立他们自己的通讯的主要原因。有些人认为他们写不好，因此干脆不写。

这是一个很大的误区，因为只要你会说话，就一定能写，你不能把写作当成一种高深的文学创作。我在这里所讲的写作，并非要你成为一名作家，而只需要将你想说的话写下来即可。

听着，每一个人都会写一些东西，都有值得说的事。要知道，你的大脑里塞满了各种各样的信息和有趣的事情，你只需要按照我告诉你的方法去做，就可以轻松地把它们转化成能够吸引财富的文字，放手去做吧。

现在，这样的建议听起来好像有点愚蠢，但是如果你永远不去尝试，你就永远不会开始去做。

下面是我给出的具体操作步骤——

第一步，取出日历。没有的话，就买一本放在你的办公桌或家里，并做出书面的时间期限规定。如果你的通讯计划是每周五进行一次更新，那么你完成文章的期限就是每周四的中午。

这将让你有时间校对文字和更新通讯，不必慌里慌张地漏掉什么。

第二步，制作你要编写的主题列表。圈定好主题之后，你才能有的放矢。你应该让自己养成这个习惯，这样你就知道，在最后期限到达之前应该写什么，以及怎样写好。

有了这个主题列表，你会发现自己能跳过很多偶然想到的零碎内容和想法。这将有助于你的文章写作，并能培养你提前规划、构思文章的能力。

一旦你提前锁定了写作内容，你就有更多的时间精心策划，写出高质量的文章，而不是坐在那里玩钢笔十八转。

第三步，一旦你坐下来准备开始写，就要放松你的大脑，准备接收你收集的关于这个主题的所有信息。然后摊开一张白纸，或者运用思维导图（我最喜欢的思维工具）开始进行头脑风暴……

写下有关该主题的任何在脑海里回放的东西，不要担心你的观点有无价值（无论好坏，它们都是你的想法），全部将它们写在纸上或填充在思维导图里面。

这个过程能将错综复杂的信息提炼出来，并且能捕捉到一些你意想不到的独特想法和价值。更重要的是，还能锻炼大脑的思维深度。有时候捕捉重要信息和灵感是一件很享受的事，你要尝试去享受这种感觉。

第四步，现在你有了一大堆想法，可以开始对其进行分类了。将表面看起来类似的想法放到一起，这样你就有了基本的素材。你会发现这比你想像中的容易得多。是的，可能会有一些想法任何地方都不合适，但在大多数情况下，你能够轻松地创建出有秩序和意义的大纲。

第五步，现在到了简单的部分。把你大纲中关于每个主题想说的都写下来。如果认为写出来依然困难，那么你可以将你要说的话录音，对着录音话筒或录音笔说出来就行，然后你可以用某些工具将语音转换成文字。慢慢地，你就可以丢掉录音笔，直接将你要说的话写出来了。

在这里我要补充一点。你想说什么就写什么，不要考虑太多语法问题，口语化的表达是最符合人们阅读习惯的。你每天都会讲很多话，用说话的心态来写作，你认为这很困难吗？我认为这只是一个习惯问题，因为你从小到大受到的教育，在下意识里给你养成了写作不能与说话划等号的思维模式。你要勇敢地打破它，你要意识到——说话 = 写作。

这是一个法门，能够帮助你突破思维困局。当我认识到这一点的时候，我的手只要触及到键盘，就会源源不断地打出具有销售力和说服力的文字，就像我在对你说话一样，我都快成键盘格斗家了。

撰写好你的文章以后，你要如何处理？

要知道，你写的可不仅仅是文章，而是一种“资产”。一旦写好了一篇文章，你就创造了可以多方面使你的工作、商业、个人价值等受益的“资产”。不要低估文章带给你的积极效益，这些内容的价值就相当于黄金……

一点都没有夸张，我写的文章或销售文案，在我睡觉的时候都会为我带来源源不断的收入。同时，我也为别人带来了巨大的价值和改变。

在这一点上，我认为自己要比那些一天只能见十几个客户，累得吐血的超级业务员明智。很简单，即使我睡觉，我也能与我的读者和客户沟通，并且成交。他们不行，他们睡着之后绝对没有这种潇洒的感觉。

我也不需要雇佣大量让我头疼的业务员，不需要给这些人发工资，上保险，也不需要每天看到他们垂头丧气的样子。我只需要用文字排兵布阵，凭空制造出不知疲倦、水平高超的“文字战将”，它们日夜奋战，为我打下江山。有意思的是，它们仅仅是一些用电脑敲打出的符号，我认识它们，它们不认识我。

我不是在自我陶醉，我只是想告诉你，什么叫选择大于努力。如果你能将这个方法运用到你的工作或创业中，你会体验到什么是轻松，什么是痛快。而且科技越进步，你越有用武之地，100年前如此，现在和以后更是如此，永不过时。

你一定要意识到，是文字在掌控着这个世界。我真想不出来，你掏的所有的钱，哪一次不是因为受到了文字的影响。这包括产品广告、销售说辞、宝贝描述、宣传手册等一切文字。你明白我在说什么了吗？

我的“聚能文字兵法”是你一定要掌握的技能。我不是来搞推销的，虽然推销是我的本能。事实上这个独特的技能训练视频课程，我至今没有对外公开发售过，只是在“一对一生涯辅导计划”学员内部免费分享。

下面一个非常关键的问题是，怎样使读者阅读你的通讯？

当你的通讯仅仅只有几个人阅读时，即使你将它发给成千上万的人也是没用的，因为人们压根儿不会打开它（这种情况时有发生）。

一个成功的通讯通常是这样的：当它一到读者的手里，读者就会立即打开并开始阅读，因为他们迫切想知道你的最新想法和动态。

那么是什么魔力使得通讯具有如此的吸引力？有五个因素可以帮你实现。

因素1：互动性。人们都喜欢被“牵扯”到一些事情当中。他们喜欢别人把他们当作一个群体中有价值的一员。实质的互动性通讯就能让读者参与其中。

寻求信息反馈，为问题寻求答案，就相关的事情（如产品、服务、问题等）收集意见，都是让人们跟你产生互动的简单策略。

说到这里，我们也来互动一下。我想询问一下你的意见，我准备后期录制一些视频版的课报放在平台里，因为老是用文字与读者沟通太单调，偶尔穿插一些视频，可能会更具活力，这样你也能听到我浑厚而富有磁性的嗓音。

那么，你认为我的视频应该录制一些怎样的内容？你可以就这个问题帮我提提建议。你可以微信（LYJLQT）留言给我，也可以给我发邮件（ask@liuyanjie.com），只要我采纳你的建议，我会给你送出一份神秘大礼。

因素2：个性。人们会被真正的个性吸引。那些普通的、毫无个性的沟通者，人们通常把他们当作机器人看。人们常说的一句话就是："有个性，我喜欢！"

把你的个性放到通讯中，会使它们更具吸引力。人们喜欢关注和倾听不一样的东西，不要退缩，也别怕显露个性、得罪人或挨骂。人们不是喜欢你就是讨厌你，无论是哪一种，他们都有可能阅读你的通讯。

因素3：实用。不能提供有用信息的通讯是不会有读者的。所以通讯的内容必须包含可以改善人们生活、工作、经济状况、人际关系等有用的信息。你要始终记住，内容为王，这就足以让你更加务实。

如果你正在提升自己的营销技能或其他方面的能力，而且你也有了很大的进步，请告诉我们你最好的窍门。是的，你认为最好的东西，不要有所隐瞒。

我经常会收到很多邮件，问我为什么愿意免费提供有价值的信息。

答案很简单，因为97%的人不会这样做。他们不是太懒，就是太忙。恰好我比较闲，也不是很懒。

提供给你的读者好的信息，你的订阅者就会把你当作一个真正的专家一样信任和尊重。当他们需要你的服务时，就会找你，而不是自己做，因为他们已经知道你能立刻让他们变得更好。

因素 4：诱人。你必须面对这样一个问题，如果你把大量的长段落都放到一起，那么没有一个人会阅读你的通讯，因为放眼望去黑乎乎一片，那是很令人生畏的一种视觉体验。所以，电子通讯要便于阅读且引人注目，这样才会吸引订阅者，这跟网站平台的所有文章要求是一样的。

你写东西出来，绝对不只是为了自娱自乐，因此不要总是“你以为”。有些格式你一定要遵守，后面我会讲到这些格式。

因素 5：相关性。你的通讯必须和你的目标读者市场相关联。如果你尝试销售营销服务，那么你就不要写有关 PPT 制作或是心灵鸡汤的内容，而是与营销相关的主题。

如果你的内容和通讯主题相关，不感兴趣的人就会选择退出。这不是什么问题，因为他们不感兴趣，就可能永远不会成为你的顾客。

第三，决定你通讯的更新频率。

对你的通讯内容多久进行一次更新，这是很重要的问题。当你决定通讯的更新频率时，通常你有六个选择。

选择 1：每天更新。每天更新要求你有大量的精力和时间，除非文章很短。通常每日电子通讯是由简单的建议、引言或最新报道构成的。

选择 2：每周更新。大多数电子通讯都是一周更新一次。这个频率不至于让读者等太久，也不至于让你太累，而且你有较为充分的时间准备。

选择 3：双周更新。双周发布一次也是很合适的时间段。营销专家们研究发现，每隔 21 天跟“正确的”客户联系，这样既不会困扰顾客，又刚好到达了“忘记”的临界点。

选择 4：每月更新。每个月一次，这虽然超出了记忆临界点，然而这是最方便的期限，因为它给了你一个月的充足时间去准备。想想看，一个月的时间，你就是一天敲一段，也能写出很有质量的文章。而且你可以跟你或你公司的月计划相匹配，推出更具有针对性的通讯内容。

选择 5：季度更新。每隔一个季度更新一次你的电子通讯，如果你这么做的话，你根本就是在浪费自己的时间。如果每隔 90 天发布一次通讯，一年发布四期，人们会火速忘记你是谁。当你的信息到达时，只会被删掉，你将有很多的退订者。

一年发布四期，要么就是一个超级牛的人，要么就是一个超级懒惰和不重视读者的人。对于普通人来说，人们会毫不犹豫地把你归为后者，甚至……他们压根儿不会去想你是一个什么样的人，因为你没有在他们的大脑中留下任何印记！

选择 6：无论何时。无论何时随机发布你的通讯，并不是理想的更新计划（不幸的是，这是我目前的计划）。大多数通讯都遵循固定频率的发布计划，当人们习惯了你的通讯在某一天到来，他们可能就会打开和阅读。定期定时就有这个好处，你可以给你的读者养成某种习惯，只要他们觉得你的东西有价值，到了时间他们就会留意你的通讯发没发。换句话说，关注你成了他们的习惯。

第四，选定通讯的文本版式。

你有很多版式可供选择。如果你决定用文本模式，那么这里有可供你使用的一些技巧，能让你的通讯具有可读性，并能让读者感到赏心悦目。

大多数诀窍是我从一点一滴的经验中积累起来的。这些东西光看书是不行的，因为很多细节需要你足够小心地去发现和感悟。下面我将我喜欢的、认为最好的都提炼出来，你可以运用到你的通讯当中去。

以下是我在确定我的通讯文本模式时使用的一些规则。这些规则通常都遵循文案的正确模式，但却更加随意和灵活。

规则 1：规定每一段的长度在 1 ~ 5 行之间，但不要每一段都 5 行，那样看起来会很无趣。要长短结合，形成一种优美的画面感。

规则 2：标题和副标题使用加粗字体。我一般主标题用 24 号黑体加粗，副标题和内文小标题用 20 号黑体加粗。所有通讯都是如此，看起来不至于凌乱。

这样，你的读者可以大致浏览一下你的通讯，找到他们感兴趣的话题。

规则 3：最左边不需要空两格，那是作文老师教你的，你顶格写就行，那样看起来更舒服。如果你觉得不习惯，你也可以空两格，没有人非要你那么做。

规则 4：在每一个段落之间多留一点空间。这样你的通讯就可以“呼吸”，看起来也便于阅读，不至于给人太大的压迫感。

规则 5：内文用宋体，通常情况下用 12 号字体就可以。不要太大，也不要太小，更不要用各种乱七八糟的字体拼凑在一起。别搞得跟变形金刚一样，只需用符合人们阅读习惯的字体就可以。

规则 6：可以使用很多方便阅读和理解的符号。比如在每一段的开头，可以使用箭头、星号、数字、破折号、括号等。这样可以对你的整篇文章构成视觉缓冲，同时这些符号也能将你的文章点缀得更加性感。但是不要用得太多，那样反倒会变得支离破碎。

规则 7：你的通讯必须有结尾。结尾可以包含特别说明、你的联系方式和版权条款等。我的结尾通常就是签名加上“P.S.”。

规则 8：有些地方需要加重，有些地方需要加黄，但不一定非要是重点你才这么做。你这么做的目的，是让阅读更加流畅，让读者跟随你的思路继续前进。

规则 9：每一段的结尾最好留下一个未解的谜团，或者引导语，以便于引导读者继续阅读，特别是开头几段。当你这么做了之后，你就能激发读者的兴趣。当他们阅读完前几段的时候，通常情况下就不会想“逃跑”了，这时候你就可以对其展开攻势。

规则 10：不要试图运用高深的专业术语，只需要口语化即可。你的读者在阅读的时候很不情愿动脑思考，你说得越明白，越简单，他们就越容易跟着你的思路走。

除非你想让他们去思考，否则你要谨记：就对着黑猩猩的大脑去写，简单地，直接地！

第五，捕捉电子邮箱地址和订阅号。

如果你有一个精彩的电子通讯，但是没有将它发送出去，那一样是没有意义的。你必须形成一种不断捕捉访问者的邮箱地址或微信订阅的策略。

前面已经讲到过这个问题了，这里我再给你提供一些对你有用的小窍门。

窍门 1：在你网站的重要地方，加入可供填写订阅的邮件框。你可以到我的网站看看：www.liuyanjie.com，我在很多地方都为你提供了这种机会。在国内，我建议你使用 QQ 邮件列表，它可以帮你收集读者的邮箱地址，而且很方便管理。你只需告诉网站技术人员，他会帮你加上。如果你找不到合适的技术人员，你可以联系我，我把长期为我提供平台服务的技术大牛推荐给你，很靠谱。

另外，你还要使用微信公众平台来获取人们的订阅，你可以去申请一个，这很简单。通常，这两个我会一起用。也许有人不愿意填写邮箱，也许有人没有用微信，但你给了他们更多的选择。

窍门 2：使用弹出菜单询问人们的邮箱地址。尽管人们讨厌弹出信息，但是这一招真的起作用。一旦你开始使用弹出菜单，你的选择率立刻就会上升。

你还可以考虑使用一个在你的访问者离开时显示的退出弹出装置，这样读者不会那么反感。这个有效性是经过测试的，但我迄今为止都没采用过，因为我想让浏览体验达到最佳。

窍门 3：把你的注册框放在你主页的最下面或中心位置。你会发现在我的首页上就使用了这个策略。因为我已经测试过了，这个办法行之有效，而且看起来还很舒服。我在订阅框的上面还加了一个友好的动画，以便提醒你记得输入你的邮箱。

窍门 4：访问者访问你网站上的重要信息和工具时，要求访问者提供他们的邮箱地址。这是他们为了获得某种好处而付出的一点小小的代价，我在很多地方都运用了这个策略。当我为读者提供某种好处的时候，我想我也有权利要求他们做点什么，这并不过分。

窍门 5：在即将销售你的产品或服务时，通过免费提供一些有价值的礼品，比如赠券或曾经销售过的某些很有价值的东西，方便询问顾客的邮箱地址。只要留下地址，你就会发给他们。如果他们想要，你就能得到这些邮箱。

窍门 6：和你的读者举行一场辩论赛，然后通过邮件通知谁是最后的得胜者，并送出你的精美获胜奖品。这样，你的顾客就会顺理成章地提供邮箱地址或订阅你的微信了，不是吗？

窍门 7：与企业合作。比如找到一家餐馆，许诺每个星期奖励他们一名顾客，为他的中餐或晚餐买单，而你只要他们的顾客写下姓名、地址和邮箱地址，或者扫描你的微信二维码作为交换。

你的合作者也会因免费给顾客提供有价值的东西而提高自己的声誉，同时他们也可以开始建立自己内部的客户电子邮箱名单。这样，如果有什么优惠活动或者新品菜系面市，他们能够很轻松地告知顾客。

这是一个完美的三赢策略，任何人都不会拒绝的。

第六，对外公布你的电子通讯。

对外公布通讯是很简单的步骤。你所要做的就是闭上眼睛，按一下按钮，它就自己呈现在读者的面前了。

如果你能使你的通讯与读者之间产生很好的互动，你就会收到很多人的回复邮件，你会发现你拥有了自己的粉丝群和用户群。这实际上有很多的乐趣，你通过电子通讯，与读者建立了一种特殊的关系，很神奇。

第七，不断检阅和改善通讯。

别放过每一个能让你更加完美的细节，你必须向你的订阅者寻求有关如何改善通讯的意见。你经常会得到意想不到的反馈。

我在发布通讯之前，经常会先给一些铁杆读者发过去，让他们体验阅读。有时候他们会提出一些很不错的补充意见，有时候他们会发现我的错别字和标点符号错误等。

你也可以订阅一些其他通讯，将其中你喜欢的元素应用到你自己的通讯当中。

你的通讯必须一直处于一种流动的状态。我的意思是，你必须不断地寻求一种新的、不同的方式来达到你的目的。而且，你的每一个目标都可以通过对通讯的创新来更快速地达成。

现在，是时候创建你的第一份电子通讯了！

你要立刻活动你的大脑，着手创建你商业领域的发动机——电子通讯。你一定会为它给你带来的种种好处感到惊讶。

（3）几点提示和建议。

以下是我这两年来发布“赢家谍报”总结出的一些该做和不该做的事情。它们无次序之分，但可能会是你得到的最重要的建议，所以请注意。

建议 1：你可能会收到负面的反馈和抱怨。这只是商业领域的一部分，无论是在线还是脱机。你要做的是不要让它再发生。

用专业的、让人高兴的方式进行处理，不要感情用事。对那些持有反对意见的人表示感谢，始终让你的预订者在疑问中受益。如果你没有这样的心态，你会失去很多读者。

建议 2：注意检查通讯的拼写和语法是否正确，我在这方面受到了太多次重创。人们常常有发现小错误的天性，并且他们会告诉你。

即使你的通讯内容很好，但是拼写和语法错误会影响人们对你的信赖（这是很不幸的事情），所以你要尽量做得更好。

建议 3：当你得到了大家的赞扬时，保存他们的录音、文字截图或者邮件等，将这些归档到鉴定书中，并作为你的证明资料，你会发现它们非常有价值。

建议 4：对你撰写的所有通讯进行备份。你会发现你可以不断地重复使用，以不同的方式和载体传播。你也可以将你的文章呈递给行业其他网站和通讯的发行者。

我个人还有一个习惯，每当我更新完一篇通讯之后，我会用 word 备份到云盘，而且会将整个网站在后台备份出来。我就怕自己辛苦取得的劳动成果丢失，那就真是损兵折将了。

你要时刻警惕，当你做到一定程度的时候，也许有一些人，或者你的竞争对手，或者持有其他莫名其妙心态的人，会攻击你的网站平台，将它们“黑”掉。如果你不备份，你将被打回原形，这个损失不能用金钱来衡量。我不是把人想得太坏，我只是担心万一。我并不想冒这个风险，我猜你也不想。

建议 5：一定要考虑把你的文章做成电子书进行销售，或者赠送给其他人，作为一种强有力的个人品牌（或者你的产品或服务）的营销工具。

建议 6：把你的文章放到网站上时，要确保你已经优化了标题、描述和关键词，这样它们能够很快被搜索引擎找到。你会对进行优化处理后所产生的流量感到惊讶。

这里面还有个小技巧，如果你能建立内链，效果会更好。

（4）从电子通讯中获得好处的一些建议。

一旦你创建好了你的电子通讯，你就可以从中得到很多的好处。以下是另一个重点……

建议 1：在你的文章最后，用你的名字（你最好设计一个厚重有力的签名，用深蓝色字体）、信息和联系方式等建立你的品牌标识。然后将你的文章呈递给一些网站，或者转载到天涯等高权重论坛。如果你写得够精彩，有时候出版社的编辑会找到你，这样你不用花一分钱，就可以得到一次出版书籍的机会，这对你在行业内建立信誉和地位是非常有利的。

即使你没打算创业，当你拿着你的“专业结晶见证”跳槽的时候，跟那些只拿着两张纸个人简历的对手 PK，你认为谁会被踢出局呢？

建议 2：把你的文章呈递给离线的实体杂志。很多小杂志都渴望好的内容，他们每天都在为此绞尽脑汁，四处搜刮。你会再次为你文章的出版几率之高感到惊奇。同时，更多的线下通讯和杂志，可能会对你的文章非常感兴趣，你会获得更多宣传自己的机会。

建议3：在你的平台上发表你的文章，确保搜索引擎更快速地捕捉到你的信息。意思就是，为你的文章标题创造标签，对你的文章进行简要说明，并给你的文章创建关键字。一旦你的网站得到搜索，你的文章就可能会在关键字和你所选择的词组下排列在前十名。然后就会有更多人发现你，你会有更多机会展示自己的一切。

建议4：编辑你的通讯文章，或对你的文章进行分类，创建一个免费“病毒”电子书。将你的网址链接到内文里面，像这样：www.liuyanjie.com，这将给你的网站带来巨大流量。之后将它们发送给你的读者，并要求他们将其介绍给自己的朋友和同事。这样，你的电子书会通过网络被不断地复制到各个角落，多到你都数不清。

虽然有些电子报告我没有免费赠送，但我知道一定会有人传播，即使我声明禁止。所以，我不需要掏钱麻烦广告公司来为我做宣传，只要我的内容够劲爆，它就会不断地被传播。我自己都不知道谁在做这件事情，不过我要说声感谢！

建议5：汇编你的通讯文章，制作一个可以给你带来利益的电子书。这是发展你自己的图书的最简单方法，你可以考虑自己出版，按照其“实际价值定价”，也可以寻找出版社出版。众所周知，出版一本书是出名最快的方式。

建议6：为你的某一篇或某几篇通讯写一份特别报告，并在你的网站出售它们，以获取收益。你也可以为你的文章创建一个音频报告，然后在你的网站上高价出售你的音频录音。你还可以针对某些人关心的话题，专门制作一个视频进行讲解。同样你也可以出售它们，总有很多人愿意花钱购买你的经验，以避免走更多弯路，这对他们来说绝对是超值的。

当然，你还可以在这份报告里面着重提及你的产品或服务。当你传授知识的同时，你也在教育你的客户，让他们知道你的产品和服务对他们来说是多么的重要！

正如我说的那样，你获取收益的多少和方式，只跟你的想像力挂钩。

为了你的电子通讯能够成功，这是一些比较新颖的方法。如果你尽一切的努力，把血汗都洒在你的电子通讯创作中，那么没有什么是不可能的。如果你懒惰，那你需要的就不仅仅是知识和方法，或许还需要搭配一根皮鞭。

▼ 撰写杀手级广告文案

现在，将你所有的注意力都集中起来吧！这是我为你端上的生涯大餐，是每一个想在移动互联时代有所建树的青年朋友急需恶补的一项技能。

这是被那些顶尖的商业精英长期私藏的秘诀，是你看到的所有花里胡哨的商业表象下隐藏的推动力。他们小心守护着，坐在宽大舒适的椅子上，翘着二郎腿，看着外面焦急寻找它的人们，嘴角露出一丝据为已有的窃喜。这些人知道如何利用绝大多数人不知道的策略和方法，让自己的职业生涯轻松加速，不被环境束缚地加速，并最终实现真正的财务自由。

现实一点来说，它将在你整个职业生涯历程中帮你赚更多的钱！

即使你对赚钱不感兴趣，它也会不自觉地帮你赚钱，甚至在你睡觉的时候。无论你做什么工作，或者创业，你都会像高薪酬的消费心理学家一样，像非常娴熟的顶级文案大师一样，知道（并使用）该领域的所有技巧，以此去影响别人，让他们对你的产品或服务产生浓厚的兴趣，并掏出钱包作出回应。

这项技能能够将你的专业、你的工作、你的宣传、你的业务、你的广告、你的邮件、你的项目、你的产品、你的服务等一切，轻松转变成具有强大心理作用的盈利机器，帮助你迅速提高收入。大部分招数不需要使用任何东西，即便你坐在那里不动，也能迅速开始。一旦你掌握了这些秘诀，事情就会变得非常简单！

它可以让你真正过上一种自由的生活，让你完全掌握自己的生活方式和节奏：你要住哪里，你要工作多长时间，以及你要赚多少钱。

你想要使自己的生涯发展速度倍增，其实并不用通过任何投机取巧、拼爹拼娘的关系。甚至，你不需要看任何人的脸色，或者巴结任何人，乞求任何人提携。

这件神秘武器就是——杀手级广告文案。

相信我，是文字掌控着这个世界！不信你看看下面这些——

- 简历和求职信……依靠文字。
- 公司网站……依靠文字。
- 产品说明和报告……依靠文字。
- 营销活动……依靠文字。
- 广告发行……依靠文字。

……

从你大清早睁开眼睛的那一刻起，你做的任何事情，无论是购物还是看新闻，无不受到文字的影响。如果说策略是决定性的，那么文字就是使策略运转起来的燃料。没有它，一切便无从谈起。没有它，你的一切业务沟通活动都会停止。

当你能够灵活驾驭文字时，你便能将它们精密地进行组装。特别是当它们被组装成几乎令人不可抗拒的“销售型文案”的时候，便可以替代无数业务员，直面客户，自动完成说服和成交任务。

在移动互联时代，在国家大力发展信息化产业的时代，在所有企事业单位都不可避免地卷入这场革命的时代，这种精密组装文字的能力，对你的事业发展而言，比以往任何时候都更加重要。

如果你想取得最快速的个人发展，你一定要把握这个机会。可以说你已经看到了这个机会，但如果你不具备驾驭文字的功力，机会也很难属于你。而绝大多数人，都没有机会经历这样的训练，那些充满机会的想法，苦苦经营的事业，都很难形成具有“吸引力”和“说服力”的落地呈现。

如何才能做到这一点呢？在其他人很无聊，很平庸，或者一点都不特别的情况下，是什么让你变得与众不同？

答案依旧是——杀手级广告文案。文案内容是否有力，决定了你在这条路上能走多远。

实际上，我有很多朋友，包括我自己，我们做项目，都做得很简单。我们不想把事情搞得很复杂，我们希望过简单、轻松的生活。我们运用这件秘密武器为我们的产品做高效宣传，无需依附那些根本不了解你产品或业务的广告公司。

我们运用这件秘密武器，配合高效率的营销策略，快速赢得客户青睐，轻松赚取高额利润。就拿我曾经做过的高端少儿英语业务来说，只要我的文字单页到达家长手中，续班率便会高达95%。

如果你听说过“合赢岛”，你就知道它同样如此。合赢岛，由我的好友，直接营销大师李炳池先生创立。他对客户的审核极为严格，只针对所在企业的创始人、董事长、CEO/总裁或合伙人，且所在企业的年营业额要达到500万元人民币以上。

我们根据个人爱好，低风险、甚至零风险地开启我们看好的任何项目。这些项目就像上了发条一样，开足马力，为我们带来源源不断的收入。而这一切，完全是因为掌握了极具杀伤力的文字武器！如今，言辞具有说服和销售的能力，这是每个人都需要掌握的一种技能！

很多成功的专家和精英，都是凭借他们在撰写文字和直效营销方面的坚实基础，来轻松、安全地开启他们的事业的。

可见，无论你是否是一个营销人，你都必须要知道如何进行有效的沟通和说服！对于所有希望快速突破生涯发展天花板的人来说，这都是首先必备的技能。也就是说，通过运用这一整套的驱动系统，能将你的职业生涯发展，推到一个你完全可以掌控的可喜局面。你真的意识到这一点了吗？请看下面三个事实——

事实 1：如果你查看一些最成功、最特别的精英人士和企业家的创业历程，便会发现，他们从促使人们购买某种产品或服务到变得富有，这一过程中，他们通常会把注意力集中在说服性文字的创作上！

事实 2：如果你进入一家公司，这家公司是以销售某种产品或服务来维持生计的，那么，他们的生存和成功都将以由文字精密安装而成的广告文案为导向。如果他们没有这么做，或做得不够好，那么他们会很累，甚至会很快消失。

事实 3：史玉柱的发迹和脑白金产品的狂销背后，都离不开他亲自组装的精密文字武器——广告文案。在《史玉柱自述：我的营销心得》中，他运用了大量篇幅，来讲述广告文案的重要性。你可以买来看看，写得非常不错。

像这样的事实和例子，我还可以不断地列举下去，但我想你应该明白我的意思了。只有那些精明的商人和成功人士，才懂得它真正的威力。

在你生涯发展的每一个阶段，无论你做什么，都要尽可能地撰写出高效的广告文案。这是最简单、最快速且最不受客观环境束缚的一种技能。

如果你掌握了这种技能，你就再也不用为赚钱而发愁了。稍微观察一下你的周围，就会发现，这种运用文字“变现”的能力是极为罕见的，可以说凤毛麟角。如果你可以做到（我的意思是你可以真正做到），那么你就能去做任何你想做的事情。

这可能是你学到的最重要的“生涯发展驱动绝活”了。如今，人们无论做什么都要用到文字。你很难想像一家公司对外宣传不需要文字，同时他们的文字运用水平也急需改进。坦白地讲，他们因为不知道如何精准地安装文字，在一些无效的广告上浪费了大量的钱财，这是非常严重的后果。很多中小企业，因为无法有效地与客户沟通并取得信任，很快便销声匿迹了。

很多充满激情的年轻人，有好的想法，好的产品，好的服务，但限于经验、资金、环境的制约，他们无法快速展开自己的事业，这是很可惜的。运用文字兵法的策略和技术，能帮助他们几乎零成本地将他们的业务送抵目标客户手中，从而快速获得盈利，并进一步拓展业务。

还有更多兢兢业业奋斗在自己岗位上的青年人，一些聪明的、有热情的、不甘心平庸的青年人，他们感觉自己的前途没有光明，但又不知道该如何突破，郁郁而不得志。其实只要他们掌握了这门技能，就会发现机会和可能无处不在。他们甚至可以立刻行动起来，即便只是坐在那里。

如果你想让自己在接下来的数十年中更好、更快地获得财务自由，那么你就必须了解如何进行直效营销。关于这一点，“聚能文字兵法”的每一课都有所披露。

我想不出还有什么技能，可以比这个更简单、快速、高效、无障碍地加速生涯发展了。无论你接触过什么样的“成功学”，最终都会发现，那些方法实在难以实施，还需要强大的意志力。实际上，只要你仔细观察便会发现，促使他们自己成功的背后，无不渗透着文字的力量。只不过，他们绝对不会告诉你！

因此，你越早学到这门技能，对你越有好处。这是让你的一身本领落地和施展的最好工具，有了它，你可以去做任何你想做的事情！

你将成为最牛的营销人，甚至无需见到客户就能成交。没有一家企业不需要成交量，你将成为最抢手的人才。无论你在何种岗位，你都能运用这一绝活，快速获得你想要的结果——让人惊讶的结果！

非常诚恳地告诉你，这一非常强大的系统工具，不要与任何人分享。通过文字的力量来转变人们的行为方式，这种力量不可估量，请以智慧和道德来运用它。

你可以随心所欲地——

- **为你自己撰写百发百中的求职信！**
- **为你自己的“绝活体系”、“核心竞争力”撰写推广文字，让更多**

人知道你是很专业的。

● 为你自己服务的公司撰写让老板目瞪口呆的成交文字。

● 为你自己的想法、项目快速落地、盈利而撰写广告和成交系统文字！

● 为你自己看到的任何感兴趣的东西随手写一封信，然后赚点外快，可能数额还比较巨大。

● 甚至你可能为自己写一个征婚广告，然后每天收到无数“热情洋溢”的电话或邮件。

现在，有不少人让我帮他们撰写销售文案，甚至给出一份5万元的高价。我婉拒了，因为我真的没时间去研究他的产品和服务，我不想耽误自己在生涯辅导上面的时间。

事实上，我建议他们自己去做这件事情，因为没有人比他们更了解自己的产品和服务。我也希望你不要把结果寄托在别人身上，当然，只有你掌握了必杀技能，你才能有底气去依靠自己。否则，没有“金刚钻”，只能喊喊空话，自己都心虚。

我说错话了吗？我想没有。

说了这么多，就是为了让你能够清楚地认识到这门技能对你来说有多重要。我不希望在你还没有完全了解它之前便呈现给你，那样的话，我真怕你会忽视它，造成你的重大损失。

现在到了你创作自己的广告或是销售文案的时候了吧？

关于广告文案的创作，本书只简单地介绍了几节。我之所以只介绍几节是有原因的。要说明销售文案的概念、战略、技巧以及通过客户的回应去销售商品和服务，需要极为庞大的文字军团，这些内容可以单独写一本厚厚的书了。但是我会在这里尽量教给你这些技巧，如果你觉得需要更深入的指导，想要深入学习销售文案的创作，那么就必须有一个系统的辅导和训练，这绝对不是一两天的功夫就能实现的。

你的能力以及富有程度，会通过潜在客户的回应来证明，不只是在一个单独商品的销售中体现，而是会体现在每一次的买卖中。正如前面所提及的，全世界的人都在买东西，同时也都在卖东西，那些销售得最好，创造最多销售记录的人，他们会挣到最多的钱。

作为销售本身，你需要让顾客按照你的思路走。你要带领他们前进，最终他们会完全认可你，并用现金对你的认可进行投票，而且他们即将感受到你所销售的东西给他们带来的极大乐趣和超高价值。我会逐步教你如何做到这一点。

在我们正式开始讨论文案撰写之前，我在自己收集的几百篇经典文案中，挑选出一篇供大家鉴赏。这可是当年美国塑身产品界顶级的销售文案。

令人惊奇的新药丸

在俄罗斯进行了临床试验

使每名试验者的肌肉都增长了三倍！

想像一下，你身体的全部，你的每个动作，竟然可以因为肌肉的增长使得衬衫撕裂……这种效果胜过历史上任何一种肌肉增长方法，甚至胜过禁药“合成代谢类固醇”！你不信吗？全球最流行的健身杂志《发达的肌肉》编辑部也不会相信……但是在他们看到了呈现在眼前的事实之后，他们已经改口说：“类固醇时代已经结束啦！”

亲爱的朋友，这是真的吗？现代科学最终创造出了一种药丸，这就是您所看到的专业塑身产品。这种产品完全不需要您在运动场上累得死去活来。

我叫本杰明。我不是专业的广告撰稿人，但是我给您分享的信息是如此的强大，我决定由自己亲自来写，所以对于我写作的不足还请谅解。

我在×××公司实验室工作，公司生产的新型化学药品，能够使肌肉增长310%。这项研究花费了5年的心血，通过实际体形实验研制出来。

实际上，我相信这个新发明可以让其他产品都过时！我对这种发明感到非常兴奋，因为我的肌肉也已经开始增长了。

想像一下吧……

只要几个月的时间，只要吃几粒药丸，其效果就相当于您在体育场锻炼3～5年。您胳膊上的肌肉会比以前增长三倍……直到可以撑裂您的衬衫。

您的上身肌肉将会增加几英寸，您得开始拯救您的所有西装了！对了，还有您的腿部……忘了说了。腿部也会由于肌肉的增长而挤不进您的牛仔裤——无论您有多么宽松的裤子，都不会再适合您穿了！

不过，最让您觉得兴奋的原因，是可以吸引所有的女性，即使您现在看起来就像是个蛋糕身材，甚至更糟！但是这些现在都可以改变了，不是吗？

只要一粒小药丸，

完全不需要在体育场花费几个小时！

我知道您肯定也阅读过许多关于锻炼肌肉的方法，我知道我所说的让您难以置信……开始我也不相信。但请看下面约翰霍普金斯大学科学家的研究结果（关于如何改变GDF-8基因，又名施瓦辛格基因）。

通过调查研究，我们发现了人类身体里控制肌肉增长的首要基因元素。这种基因产生一种蛋白质，而此类蛋白质会产生脂肪堆积，阻碍肌肉增长。这种蛋白质被称为生长分化因素，简称GDF-8。

如果您想将松散的肌肉聚拢在一起，GDF-8是您最大的敌人！

GDF-8是您身体里的一种蛋白质，它可以抑制您的肌肉生长。每个人的身体都会很自然地产生GDF-8蛋白质，这就是为什么您的肌肉不猛增的原因。因为每当您做了一些增长肌肉的运动，企图改进现状的时候，这种GDF-8就会开始发挥它的作用。

如果您能够抑制身体里的GDF-8产出，您的肌肉将会飞速增长，您的朋友将会在心里嫉妒地诅咒您！

就像我之前说的，约翰霍普金斯大学的科学家们发现了抑制 GDF-8 产生的方法，他们成功地在动物身上得到了验证。那些试验老鼠的身体中只产出了很少量的 GDF-8，甚至根本不产出了。

这使得老鼠的肌肉增长了 300%。当然，体重可没有增长 300%！

现在，他们将这种超级压制 GDF-8 元素的药品带给了人类。这种东西称作德纳波力克斯（音译），它会在您身上显示出非凡的效果。

德纳波力克斯是 100% 安全的天然品，主要成分是从国外非常罕见的海洋水藻中提取的，这些物质可以抑制身体中 GDF-8 蛋白质的产出。

换种简单的方式来理解，GDF-8 如果想发挥抑制肌肉生长的作用，那么它一定要先在身体中找到您的肌肉。德纳波力克斯药品可以将 GDF-8 蛋白质捆绑起来，控制他们找到您的肌肉。当 GDF-8 丧失和减少的时候，就没有办法阻止您的肌肉增长了！

过去，塑形训练者和专业运动员只有通过爬碎玻璃的训练才能博得掌声……

但是现在，我们只需要感谢当代科学。

使用德纳波力克斯，

只要打一个电话就可以了！

德纳波力克斯的问世，比之前任何一种药物都具有优势。它不是比那些生长激素或是代谢类固醇要好一点点，而是使那些药物完全退出历史舞台！

如果您是个典型的很难增长肌肉的人，或是看上去过于肥胖，甚至从来没有希望过肌肉能迅速增长，那么德纳波力克斯将从根本上将您彻底改变，甚至连您自家养的宠物都会不认识您！

不仅仅是减少 GDF-8 而增长肌肉，

它还会像煎锅里烧油一样，

燃烧您身体内的脂肪！

研究显示，这种药物在减少 GDF-8 的同时，还可以减少您身体里 35%～50%的脂肪！意思是您身体里的脂肪会迅速消失，皮肤将紧缩起来。这样，您就可以完全展示出强健的肌肉了。

德纳波力克斯的非凡作用，可以用魔术药丸来形容，一些塑形的流行杂志上也写过。但这主要还得看您自己的意见……

您可以看看，为什么杂志上会写“代谢类固醇过时了”。如果您对德纳波力克斯产品感兴趣的话，您会非常惊奇地看到，原价 99.95 美元的价格，现在只需付 59.95 美元——但只是在特定的促销期（促销期后提价）。

59.95 美元，

使您拥有全新的、肌肉型的身体，

这对您来说值吗？

如果您还是单身，那么在服用了德纳波力克斯药品之后，您就可以吸引更多的女性，还可以向您之前的情人进行二次追求，这当然很值。您能想像有什么样的全新生活在等待着您吗？

如果您之前曾经被别人欺负过，那么使用了这种药物，可以使您更加安全，因为您的体格显示出您是能够生存下去的，这当然很值。您变得强大了，那么还会有人敢冒犯您吗？我想绝对没有！

如果您是个商人的话，那么这对您进行巨额的商业谈判来说，也是很值的！相信我，您可以赢取每次谈判。在离开会议室的时候，您可以带走一切您想得到的东西。那些长得像铅笔杆的家伙根本不敢对您说个“不”字，他们觉得您会用那大炮般的拳头打他们的脑袋！

想像一下，如果您拥有 15 ～ 25 磅的结实肌肉，那么看上去将会像是美国首席健美男。同时，还有更少的脂肪……女人们会蜂拥围绕着您，您会变成男人心中害怕和妒忌的对象，成为每个男人学习的榜样！

德纳波力克斯所能起到的效果，展现给您的将是前所未见的！

谁还想体验，

几周内就能得到难以置信的改变？

德纳波力克斯可以在几周之内迅速发挥作用，您可以注意到衬衫的尺寸在不断变小，腿部会变得更紧。如果长期使用德纳波力克斯，您会变得越来越强大！我敢打赌，您会继续使用几年的，理性的男人怎么会停止使用这么优秀的产品呢？德纳波力克斯可能是对世界身体塑形产品的全新革命！

在家什么也不用做的人，也可以立刻增长肌肉？

德纳波力克斯可以把那些将您肌肉变少的 GDF-8 捆绑。多数使用者不是健美运动员，但是他们非常热爱生命，希望拥有更多的肌肉，想体验生命中美好的结果。如果您也想知道结果的话……

您应该知道，效果非常快。有可能在 12 ~ 16 周内就得到顶级的肌肉尺寸——这完全可以取代您花 3 ~ 5 年的时间锻炼所取得的效果。

想像一下，您几个月就可以取得的肌肉效果。

一周一周地过去，您可以站在镜子前面，面带微笑地拿着卷尺测量您身上的肌肉尺寸，而且不想离开。胳膊、胸部、腿部都非常紧绷，您甚至觉得这不是您的身体。您甚至会拧一下自己，来证明这到底是不是自己！

德纳波力克斯可使您目前的力量加倍，

使目前的尺寸加倍，

并使您的轮廓绝对分明——看起来就像希腊雕像的身形！

在服用了德纳波力克斯 16 周以后，如果您没有感到胳膊的肌肉在增长，没有感到力量增加，没有看到脂肪开始消失，那么您可以将空包装寄回来，我们将双倍返还您的钱。我这样说，等于承诺给您，这是完全没有风险的消费。而且我确信，根据临床实验，我确信不会出现没有效果的现象。

所以现在，您应该立刻订购德纳波力克斯。我们对第一个月的订购提供优惠价，每瓶仅售 59.95 美元。您只需将信用卡准备好，然后拨打 ×××××××××，或是邮寄给我们订购信息，地址是：内华达州 ×××，拉斯维加斯，××× 区西湖草地布立威公寓 ××× 号。数量有限，每天都会限量供应给希望成就肌肉强健、性感的男士们！

要记住，120 天之后无效的话，双倍退还您的付款。

但是您需要抓紧时间，我们目前只有 ×××× 瓶的库存量，这些只够我们维持 7 天的正常销售，甚至在一周之内就有可能售空。之后，您只能以每瓶 99.95 美元的价格订购了（因为以优惠价格出售的产品数量确实有限）。

然后您可以成为我们首选的塑形俱乐部会员，这可以让您在未来的订购中节省 60 美元的费用。而且以后，给您的产品供应绝不会中断，即使在我们的产品卖空之后，我们也会保证每个月向您供应产品。这些产品会直接寄给您，每瓶仅售 39.95 美元，外加 7 美元的运输管理费。任何时候您都可以取消订购。谢谢您！

××× 公司实验室，本杰明

订购电话：××××××

P.S. 有谁不想得到德纳波力克斯呢？只要一天几个小药丸，就可以拥有自己的肌肉，相当于在体育场连续锻炼几小时的效果！而且，如果您有效地阻碍了 GDF-8 的作用，您就可以得到伟岸的肌肉。这可能无法马上实现，但是在未来，很快就会实现了！

P.P.S. 德纳波力克斯的有效成份来自于罕见的海洋水藻，这种水藻被称为饱和嚓吮蔓草，这种物质最早由西班牙拉斯帕尔马斯大学的研究者发现。配料的合成受到严密的控制，在溶液合成场地，确保元素生长的条件。这就意味着，同一时间，这种元素只能产出一小部分。只有这样，才能够确保供应给您纯正的德纳波力克斯。

所以，您最好现在就订购。一旦我们销售完了这一批产品，那么只有等待下一批产品生产出来以后才能够销售，而这个周期通常是120天。所以再次强调，我们的订购电话是××××××，或者寄给我们您的信息。我们的地址是：内华达州×××，拉斯维加斯，××××区西湖草地布立威公寓××××号。不要忘了我们的承诺，120天内无效果的话，寄给我们空瓶，可以双倍索取付款！您将什么都不会失去，再简单不过了。

P.P.P.S. 一定要阅读扎克·罗曼扎诺博士、马萨·阿伯德伍博士以及马修·吉门纳兹博士对此项成果的临床报告，这是我们最真实的产品说明。

这封文案已经是很久很久以前的经典了，但即便是现在，即使你不是身体塑形训练者，阅读完这个广告之后，会不会有一些动心呢？这是文案广告中最具效果的典型案例。

你写的销售文案应该看上去和这个差不多才行。如果可能的话，你要做得更好，要紧跟这个时代的步伐。

▼ 撰写广告文案的“黄金法则”

这里有一些关于撰写广告文案的“黄金法则”需要让你了解一下。

使用“你”、“你们”而不是“我”、“我们”

你知道什么样的广告文案让我感到厌烦吗？

比如：“我们非常高兴为您介绍我们的产品。我们为能提供最好的服务、优惠的价格而骄傲。我们感到顾客对我们来说是多么的重要，我们对待他们，就像是对待家人一样，我们全体工作人员都欢迎您前来……”

“我们，我们，我们，我们，我们……”然后，我将单页扔进垃圾箱，我关闭网页，我再也不想看到他们。这是一群自私、自大、自我的人，他们以自我为中心，实际上我压根儿就不关心他们，他们也只是关心自己。

你不能这样写。实际上，读者们并不关心你、你的特点或是你的感觉，在他确认你在为他考虑之前，你跟他没有半毛钱的关系。如果你记性还不错，我在谈到沟通的时候就已经告诉过你，人们不关心你，他们只关心自己！所以，“我们”这个词在销售文案里真的非常让人厌恶，是撰写文案的大忌。

正确的方式是站到读者的立场和观点来写作，你要多说一些“你”、“你们”。每说五次“你”之后，才可以小心地说一次“我”，这才是正确的。你的所有观点都是站在读者立场上的。如果你还不知道如何去做，如何去站在读者的立场考虑问题，那么后面有关“镜像技术”的内容就是为你准备的。

以第一人称写

这个不难理解。就像两个人单独坐在那里谈话交流一样，写完后你可以大声朗读出来，看看是否更加容易理解，就像你在跟读者进行对话一样。本书也都是这样写的——就是我们两个人之间，关于生涯发展的方法、策略和技能等方面的问题，我给你一些建议和想法。

同样，你看我的网站平台也能感受到这一点。我一直在对着你一个人说话，虽然可能同时有成千上万人在看同样的内容，但是你感觉到的就是我在对着你一个人说话。而且你会感觉到是跟一个大活人在沟通，而不是冷冰冰的某个机构。

秘诀就在这里——运用第一人称！

时代不同了，人们更加喜欢个性化、私人化的沟通方式，要不然《私人订制》也不会被拍成电影，一定是时代有这个需求，才会有这样的表现形式。

紧迫感

当你即将结束销售文案内容的时候，你要想办法让他们马上采取行动。如果你告诉他们可以放下此信，思考一下，等到猴年马月再行动的话……那么读者就有可能（而且极有可能）忘了这回事，那么你将一无所获！你需要稍微带些强迫性地让他们立刻采取某种你要求的行动，就好像机会难得，如果他们得到这次机会的话，是非常幸运的！

如果产品的数量有限，您要告诉顾客。如果产品要涨价，也要告诉他们。如果有礼品赠送给前 50 名顾客，也要告知。但是一定要给人可信感。要给出一个能够讲得通的理由，为什么你要限制人数？是时间和精力有限……就像我的销售文案中说的一样，而且确实如此。

你还可以在紧迫性方面增添一些技术含量。

文案大师盖瑞曾经和一个顾客做家具促销生意。他带着顾客来到了他的库房，给顾客看库房房顶上的一个洞，然后告诉他，即使是亏本，也要销售出去，因为店主的妻子把家具拉到了这个错误的库房，而最近几天要下雨。库房房顶上有个洞……所以一定要销售出去，即使赔钱也得卖出去，否则这些家具就全毁了！

你认为他们真的需要在库房顶上弄个洞吗？谁知道啊……但是这种更加详细的原因解释，能让人觉得更加可信。你光说挥泪大甩卖有什么用，你要解释为什么，不然人家会以为你在推销假冒伪劣商品。

使用“如果 / 那么”句式作为第一句话

事实证明，在首句使用此类句式，可以有很好的效果。就像是这样：“如果你想在 30 天之后拥有 30 斤肌肉的一流体型，那么你需要现在就开始阅读这份重要的报告！”

如果你还不能娴熟地运用更多其他开场白句型，而且你也不想冒险，那么采取这个句型就能让你更加安全地有一个好的开始。

我们来练习一下：如果……你想在写第一句话的时候，就能抓住读者的眼珠子，并且让他愿意继续了解你自认为全世界最好的产品，那么……你就需要采用“如果／那么”句式。

感觉还不错吧？

图片文字说明

如果你使用图片的话，那么一定要在图片下面写个说明。读者阅读网页或者杂志的时候，他们第一件事就是看图片，第二件事就是看图片下方的说明文字。想想你自己是不是也是这样？如果图片下面有文字，你总是不自觉地去看，以弥补你看图片时对信息的缺失感。没办法，人的大脑就是这样被大自然设计的……有时候，读者甚至不看标题，而先看照片和说明文字！

如果你要使用图片的话，一定要在下面加上说明文字，否则你就错过了一个良好的展示机会。

附言（P.S.）

附言是销售文案中第二重要的事情。第一重要的事情是标题，然后就是附言。人们往往会首先阅读它，然后再阅读正文。一定要假设在销售文案不存在的基础上，读者也能从附言的内容中读出你承诺的所有信息。很多时候，人们正是被附言的内容所吸引，才回头认真阅读你的文案，所以附言非常重要！

销售文案的长度

很多人觉得文案太长，没有人愿意阅读，这是个天大的误区。事实上，近一个世纪的测试显示：你说得越多，你就卖得越多！

如果有人对此知之甚少，他就会告诉你：“朋友，你最好保持文案的简短！没人愿意阅读长文案。如今人们比以往更忙，让它保持简洁、优雅即可。”

这简直是误人子弟。如果某人是你产品真正的潜在客户，只要你文案写得好，你无法想像他能阅读多少。想一想，你和一个优秀的业务员沟通两个小时比较可能购买呢？还是仅仅沟通五分钟？当然是两小时。甚至你也不愿意自己五分钟就被搞定了，对吧？

另外，如果别人给你介绍了一个女孩子，你们以前从来没见过面，但是在你看过她的个人介绍之后，你必须决定是不是要和她过一辈子，那么这时候你想这封信是长还是短？你想这封信里面介绍她哪些方面？如果我没猜错的话，你一定想这封信写得越多越好，你想知道关于她的一切！

那你为什么还要指望别人在没有充分了解你产品的前提下，就掏出腰包呢？他不感兴趣是一回事，如果他真的感兴趣，他一定想了解更多，更多，更多……那就都给他吧，狠狠地证明你的优势！

▼ 销售文案的六个部分

标题或开场白

标题对于销售文案来说是最最重要的部分，这就像开车要看指示牌一样。如果你看到一个指示牌指向你感兴趣或者你想去的地方，你会保持路线，继续前行。否则，你将变化方向，寻找一条能带你到你想去的地方的路。同样，你感兴趣的标题，将吸引你继续阅读。

正因为如此，你的标题要完成两件事情，这非常重要。第一件事情：吸引读者的注意力；第二件事情：激励他们继续阅读。如果无法做到这两点，就算你是在免费派发金条，大多数人也不会注意到。

而且看文案标题的人，是看文案内容的五倍。同样的文案内容，同样的产品，同样的价格，同样的媒体宣传，仅仅是标题不同，就能带来10倍、20倍的悬殊。

尤其是那些利用了人类最基本的八大欲望的标题，会瞬间吸引人们的注意力和好奇心。

后面的内容中，我们会详细介绍标题的写法。

故事或问题引导

这个部分要对你所经历的挫折、痛苦进行介绍，然后写出你是如何解决的，解决了什么，效果如何。

阐述论点

介绍产品如何能够帮助顾客，他们为什么要使用此产品。在这个部分中，要用尽可能详细的逻辑，阐明论点的合理性与真实性，并且构建起强大的信任因子。

给出价格及奖励

这里要给出产品的价格，花费多少钱就可以得到该产品。同时，如果购买的话，还可以得到哪些其他好处……

风险承诺

你要想尽一切办法，打消读者因购买而产生的担忧和疑虑，告诉他这是个难得的机会；给出具体的理由，说明为什么他不需要担心钱会白花。

你可以用有力度的字眼来让他们消除疑虑，不必担心钱财问题，使他们不必担心从一个完全陌生的人那里购买——甚至于这个人他们从来都没有接触过！

号召立刻行动

你一定要告诉顾客如何购买，电话是多少，往哪里打款，具体应该怎么操作。甚至你还可以敦促他们赶紧行动，犹豫对他们来说分分钟会造成损失等。这里有一个案例，你可以感受一下——

“只有三十天的时限，或者您可以采用喜欢的付款方式，无所谓，您决定。

没有什么好担心的，因为您可以享用 60 天的双倍退款保证。拿出您的信用卡，或打开您的支付宝，马上拨打电话 ×××××× 确认并支付，仅限 127 位。”

▼ 撰写成功销售文案的五大要素

抓住读者的注意力

如今，人们被各种各样的信息包围，这些信息以各种各样的形式不断轰炸我们的五官，而且大家都很忙……所以你必须一下子就能抓住目标客户的注意力，否则他们就会无情地忽视你，无论你以及你的产品或服务有多么优秀。

虽然这很残酷，但这就是现实。你必须杀出重围，运用具备强大杀伤力的标题，快速捕捉视线的图片，具有吸引力的展示位置，甚至风格鲜明的网站平台……而不是和其他文案一样，和其他人一样普通。

强力展示产品或服务的优点

文案主题部分可以详细说明为什么顾客要购买此产品，此产品对人们有什么好处，适合什么样的人群等。关键是要突出给人们带来的好处，不要一味地描述特性，要讲清楚这个特性给人带来的具体好处。人们想要的不是由一片铁板制成的铁锹，而是想要一个洞。告诉他们，你的铁锹能帮他们用最短的时间和最少的力气，搞定一个最符合规格的洞。

特点、特性只是产品或服务的组成部分，是一种附着在产品或服务身上的“属性”，而“好处”是从这些属性中得到的东西。真正吸引人们的是“好处”。

记住，人们在看你的文字时，心里一直在想一个问题：“我能得到什么好处？”事实上，他们无法不去想这个问题，反反复复，反反复复……就像你在读这些文字的时候，也会在潜意识里去思考：“刘老师说的这些对我有什么好处？”不然你也不会看。

如果你不搞清楚这个概念，那么你现在就可以打点行装，尝试另一种销售对象是某种生物，而不是人的行业。显而易见，“好处”是为你的潜在客户提供有价值的东西，是直接使你的潜在客户而不是你受益的东西。

在你不耐烦之前，我还要说几句：如果你不在宣传中加入对别人有益的好处或结果，那么不管是求职、个人广告、服务广告、小册子、销售文案、网站或任何其他宣传文案，你就跟你的钱或你想要的结果“吻别”吧！

现在，列出你提供的产品和服务的好处吧。接二连三地列出来，直到你的潜在客户开始请求你，请求你赶紧把他们的钱拿走，把你的产品和服务一刻都不能耽误地交给他们。

证明你所说的一切优势

如果你的产品对失眠非常有效，那就要经过临床证实，证实它确实可以让人一着床就能在5分钟之内进入梦乡。一定要将临床试验报告附在产品包装盒里面，销售文案里面，所有文字性说明里面。要不然读者只会两只眼进去，两只耳朵出来，不会经过大脑。

每当我坐下来给我的客户撰写销售文案的时候，我就知道，除非我能说服他们，让他们相信我，否则他们不会登录支付宝、财付通或者网银，小手一抖往我的银行账户里面打钱。也就是说，我说的话，一定要改变他们不信任、不知情的现状，让他们相信我所销售的一切东西，价值远远高于他们口袋里的钱。

产生信任的一个经证实的方法就是——提供有说服力的证据。这个证据一定要是真实的，哪怕是一个人名，因为欺骗会让你惶惶不可终日。你要为你的每一次谎言提供更多的谎言支撑，你说这样累不累？

如果你的产品和服务真的能帮助别人，给别人带来价值，那你完全没有必要提供假证据。如果你的产品或服务是水货，是假冒伪劣产品，那你就不必再继续阅读下去了，我宁可这本书卖不出去，也不欢迎你去欺骗。

我想你不是这种人，所以我们还是继续吧！

更重要的是，证据可以是事实，也可以是数据、证词、代言、研究结果、图标、视频……只要是你说得出来的，而不是你自己杜撰的。

毫无疑问，这个世界需要证据，真实的证据。让我们面对现实吧，你不可能撰写一篇含有大量“好处”的销售文案，就期待人们相信你所写的一切内容，你还要提供有力的证据和具有说服力的逻辑，来让人们真正信任你，并以掏出腰包作为回应。

永远记住：谁都不喜欢被骗。如果你欺骗，那么在这条道上，你就再也没有机会了。现在的社交媒体如此发达，信息传播的速度几乎可以用光速来形容，这将导致那些欺骗者无所遁形。所以你要真实地运用你的证据，来获取人们对你的信任。

劝说人们把握这个机会

告诉读者，为什么他要抓住机会购买。你已经引起了他们的注意，已经告诉了他们，你的产品是如何发挥作用的，对他们有什么具体的好处。然后，你也证明了这是属实的，你没有欺骗任何人，你也知道这确实能帮到他们。那么现在，你要劝说他们抓住这个机会，你不想他们再走更多弯路，再浪费更多无谓的金钱和精力！

提醒他们，一定要抓住这个机会，现在有最优惠的价格，最好的时机，可以得到最好的保证，他们会两者兼得，并且时间真的有限。人们总是在拖延中丢掉一切！

让他们克服惰性，马上行动

现在，你只差这最后一步，就可以获得“订单”了。你要让他们立即采取行动，或者给你打电话，或者支付，或者填写申请表，或者……就是不要他们拖延。如果你力度不够，他们就会扔掉你的单页，关闭你的网页……你就前功尽弃了。

想要做到这一点，你需要正确地引导读者。这里有四个步骤来告诉你如何去做。

（1）创造一个无法拒绝的成交主张（优惠提议）。

这句话很好理解，就是要让你提供的奖励特别诱人，以至于他简直无法抗拒。如果他不抓紧机会，他一定会非常后悔——悔得肠子都会变成青色。

（2）消除读者所有的疑虑。

首先你要知道客户害怕什么?

顾客害怕白花钱。

这世界到处充满了骗局和陷阱，而且一次又一次地伤害那些善良的人们。你也不是第一个向他们宣传产品和服务的人，他们已经看得太多了。这年头都说自己的好，他们都不知道你骨子里面到底是什么。浮夸的表面下有太多不为人知的内幕，他们已经变得不敢去相信别人了。

所以你要换位思考，不要老是责怪你的客户为何如此小心谨慎。人们为了自己的利益小心一些是很正常的，他们也应该如此。为了你能长久地与他们建立信任和互动，你一定要保证他与你打交道没有任何风险。

如果他要求退款，那你就履行你曾经做出的承诺，退给他好了，不要找太多理由来延缓这个过程。你是诚信的，你说的和做的一样，你充分地给予他尊重和理解，那么他下次还会来找你。记住，没有多少人会故意来刁难你，说到做到跟只是说得好听，一个天上，一个地下。

一定要让人们感觉跟你打交道是放心的，信任是无价之宝。

（3）加速下单时间。

如果顾客延期下单，你就会失去这个订单。你不用怀疑，这是无数直效营销大师的经验和教训，是经过市场检验的。你要让他马上下单！让他抓紧每一秒钟！不要让他思考太多！如果他去午休，或者去吃顿晚餐，没有马上采取行动，他就会失去免费赠送的超级礼物，错过超低价购买的时机，或是再也购买不到此类产品了。因为……（还记不记得你的任何行动，都要给出合理的理由?

如果没有合理的理由，人们就不会相信你，也不会响应你！）

（4）简化订购流程。

有些人总是喜欢让事情复杂化，似乎不这样就体现不出水平。愚蠢的人会让事情变复杂，而聪明的人会将复杂的事情变得简单。购买产品或服务应该是不难的，但是你会很惊讶地看到，许许多多的商家都把这些搞复杂了。有时候，你甚至发现你都不知道该如何购买……

一个简单的订单填写表格，简单的支付链接，简单到“只需要点击此处”，您就能在明天上午睁眼之后，收到我们用顺丰快递给您送来的鲜活的，喘着粗气的，肥硕的阳澄湖大闸蟹。中午的时候，它们就会变成一顿难忘的午餐。乳白色的蟹肉将被抓在手里，还有那扑鼻的香味会极大地勾起你的食欲，你的宝贝儿子会抱着你的大腿高呼：“爸爸万岁！”如果你现在觉得购买 6 只还不足以让你的孩子过足瘾，点击此处，再加购 6 只吧！在原来的基础上再打八折，只有这一次机会。点击此处，让你的全家都能享受一次美味！

一定要保持简单，告诉他们：“只需要……非常简单……”

P.S. 我也喜欢网购，但是在我浏览网页的时候，对方总是让我注册……他们让我先注册，然后建议我使用合作 QQ、淘宝账号登录，而我又不愿意让我的资料外泄……这样的操作简直太愚蠢了，愚蠢至极！通常，我会换个网站购买。选择这么多，我去哪儿买不到呢？

▼ 116 个精选文案标题

想一下，当你拿起报纸开始阅读的时候，你会先看什么？如果我没猜错的话，你会先浏览一下各大标题。如果有的标题不能完全吸引你，你就会直接略过它，那么这个广告文案就完全失败了。商家花了钱，但是你却连看一眼的机会都没有给他。

许多广告发布者的标题显得非常无力，或是根本没有。这就是他们失败的原因，或者可以说，这是广告无法发挥作用的原因。人们总是先被外表吸引，然后才会深究其内在的修养，这就是为什么每天、每一分、每一秒，都会有人在其外表上不计成本地投资的原因。

标题也是一样。如果你不能快速地吸引到忙碌的人们的注意力，他们甚至对你的"内秀"也视而不见。你费尽心思撰写的东西，将没有机会被人阅读，这真是一件可悲的事！

如今，你并不需要重新思考如何撰写文案标题，毕竟你没必要再从广告的起源开始研究，你可以使用已经验证过的标题。你或许想开发更新颖的标题，但是就像我说过的那样——你还是确保安全第一为好，没事不要玩心跳，否则你有可能控制不住心跳的频率，那可不太妙。

关于如何创作标题，这里给你一些指导原则——

- 不要使用负面信息，人们会在潜意识里逃避阴暗面。
- 花钱是一件严肃的事情，你要避免采用幽默语气。
- 将最大的好处放入标题。如果这都不能吸引到你的目标客户，那你就要反思了。
- 将自身利益、新闻性以及好奇心融入其中。

以下是我比较喜欢的一些文案标题。实际上，我的"点子文档"里面珍藏了上万条标题，但那要一本书的容量。我给你挑选一些出来，足够你用了。你可以根据自己销售的产品或服务进行调整和改编！

下面就是这些标题——

- 让人们喜欢你的秘密。
- 一个小小的错误，让农民每年损失3000美金。
- 给不会省钱的太太们的建议——来自一位妻子。

- 赢得所有孩子的心。
- 您曾经在派对中结结巴巴过吗？
- 一个新发明，让平凡女孩变美女。
- 如何赢得朋友并影响他人。
- 还有谁想成为明星？
- 您在英语中也犯过这些错误吗？
- 为什么有些食物在您的胃里“爆炸”。
- 让您的双手在 24 小时内变得更可爱——否则退款。
- 为什么总有些人可以从股市中赚到钱。
- 当医生腐败的时候，他们都腐败在哪里呢？
- 似乎令人难以置信，您可以将原版油画据为己有，每幅仅需 5 美元。
- 五种常见的皮肤问题——哪种是您想克服的？
- 那些畅销书每本仅售 2.5 ~ 5 美元——现在每本仅售 1 美元。
- 有谁听说过，一个女人每天享受美食的同时还可以减肥？
- 我是怎样在一夜之间改善记忆力的。
- 发现隐藏在你薪资里的致富秘密。
- 专家证实：超过 2/3 的女人能在 14 天内让皮肤看起来更有光泽。
- 我是如何用一个“很傻的方法”挣到大钱的。
- 你听到自己说：“我还没有读过，正打算读这本书”的概率有多高。
- 有数千份无价礼品——但是从来没被人发现过！
- 孩子叛逆是谁的错？
- 一个“傻瓜的方法”可以使您成为销售明星。
- 您有过神经衰弱的这些症状吗？
- 您在担心股票吗？
- 新型 ××× 如何在 30 分钟内改变我的皮肤？

- 161 种新方法抓住男人的心——烹饪者必备的神奇书。
- 隐藏在您农场里的利润。
- 对您来说，孩子的生命只值 1 美元吗?
- 世界各地的女人都为这种新型洗发香波而倾倒。
- 您经历过这 10 件难为情的事情吗?
- 投资者的六种途径——您属于哪一种?
- 如何摆脱我们的瑕疵——使用 ××× 并且遵循指导。
- 今天，为您的财产增加 10000 美元——使价值更上一层楼。
- 您的孩子曾经让您烦恼吗?
- 您的房间缺少图片装饰吗?
- 怎样给孩子更多——三种美食制作方法。
- 给那些想要写作，但是无法开始的人。
- 这可以说是您之前从未见到过的走廊壁灯。
- 我们是如何毁掉我们的胃的。
- 拥有“精密头脑”的男人。
- 当我坐在钢琴前时，大家都笑话我，但是当我开始弹奏的时候……
- 丢掉您的双拐!
- 小空间如何创造大奇迹。
- 男人都会喜欢这样的女人——清新无口臭。
- 排尿困难让男人窘迫。
- 通过 301 次钉子刺穿试验——依然保持充足的气压。
- 劳力士的有些事情，您可能不知道。
- 经常是伴娘，从没做过新娘。
- 您知道工人处于紧张状态时会花掉公司多少钱吗?
- 给希望有一天不再工作的男人们。

- 如何让您的房间更适合您。
- 您可能正在犯的最常见的缴税错误。
- 一种让您快速驱除感冒的方法。
- 为什么 ××× 灯泡在今年如此闪亮。
- “上个星期五，真的很危险，我的老板差点就炒了我……”
- 新蛋糕的改良做法，可以使您获得更多的赞扬！
- 想像一下……抓住一个听众对其诅咒 30 分钟。
- 您见过心灵电报吗？
- 对您来说，如何使修理汽车的工作变得轻而易举？
- 一种新型洗发水，可以让您的头发更加通顺，易于梳理。
- 通过不当的途径挣钱，也许对您来说是耻辱，但是对男人来说却是享受。
- 数千种游戏，人们从来没有想到过。
- 伟大的新发现，将厨房的臭名声毁于一旦——让室内空气变得像乡土气息般新鲜。
- 尝试一个几分钟的测试——一种令人吃惊的新型剃须泡沫。
- 公告：全新的百科全书版本，让学习充满乐趣。
- 她再次点了“鸡肉沙拉”。
- 给看上去比实际年龄大的女人。
- 性能具佳的车可以带您去哪里？
- 看看哪种身形是您想要的。
- 快速改变寒冷的方法。
- 让从未想过自己也会弹吉他的人，在七天之内学会，否则退款。
- 如果给您 20 万美元，您将怎么安排？
- 假如事情会发生在您的婚礼当天。

- 不要让运动的脚“闲置”。
- 他们会发展得让您无法理解吗？
- 我们是国民中庸俗的人吗？
- 全额付款的两年旅行——只针对具有想像力的男士。
- 关于股票和债券交易，什么是应该知道的？
- 在美国最古老的钻石打折商店进行存钱交易。
- 一个理发师，像卖房子一样，4 个月赚了 8000 美元。
- 免费书——告诉您 12 种草坪维护的秘密。
- 最好的黄金——本书完整介绍了简单开采的方法。
- 8000 美元奖励！帮助我们找出适合这些新厨具的名字。
- 揭秘超市使用何种手段让您购买更贵的东西——教您省钱。
- 任取三件厨具——仅售 8.95 美元（价值 15.45 美元）。
- 两瓶酸梅酱节省 20 美分——限量出售。
- 每购买三次就免餐一次！
- 这么容易就挣到钱肯定违法！
- 如果您去年买了新车……现在就不要看这个广告了，会让您伤心的。
- 在哪里能看到赚钱的资讯？
- 有谁想在电子商务领域赚大钱？
- 对于状态不好的克利夫兰主妇来说的惊人瘦身秘密。
- 如何每小时都在减少脂肪。
- 致洛杉矶所有胖人的一封信。
- 财政专栏作家的独特发现。
- 专家如何购买金银。
- 不想做外科手术的好莱坞明星是如何拥有惊人面容的。
- 这 5 种肌肤问题，哪个是您想除掉的？

- 去脂机器，可以让您轻松坐着享受减肥。
- 如何唤醒您内在的财政精灵。
- 如何发现您的银行即将破产。
- 顶级化学家发现惊人的 ××× 去皱剂。
- 高中毕业的学历没有影响您赚钱吗？
- 脱发影响女人对您的关注吗？
- 女人背后会说些什么秘密？
- 给胸部较小女人的重要消息。
- 最近展示的隆胸报告信息。
- 男人可以更高一些！
- 最新的减肥药丸，比骑 3 小时自行车还能消耗更多的卡路里。
- 如何在 60 秒甚至更短的时间内抹去您 10 年的岁月痕迹。
- 我们在寻找可以写儿童书籍的成年人。
- 此广告的有效期将缩短一个月，因为我们销售飞快。
- 如果您执行此计划——就再也不会为钱发愁了。

你也可以建立自己的“点子文档库”，将你看到的新奇的、能吸引你注意的标题都收集起来，这样你就会有越来越多的“弹药”！

下面你看到的这张图，是我经过多年学习和实践总结出来的，它蕴含着最顶级的文案撰写智慧。我已经在这个基础上，为我及我的客户撰写了数量可观的吸金销售文案，帮我实现了现在享受的生活。如果你对撰写销售文案已经有所了解，那么你会明白这张导图的威力！

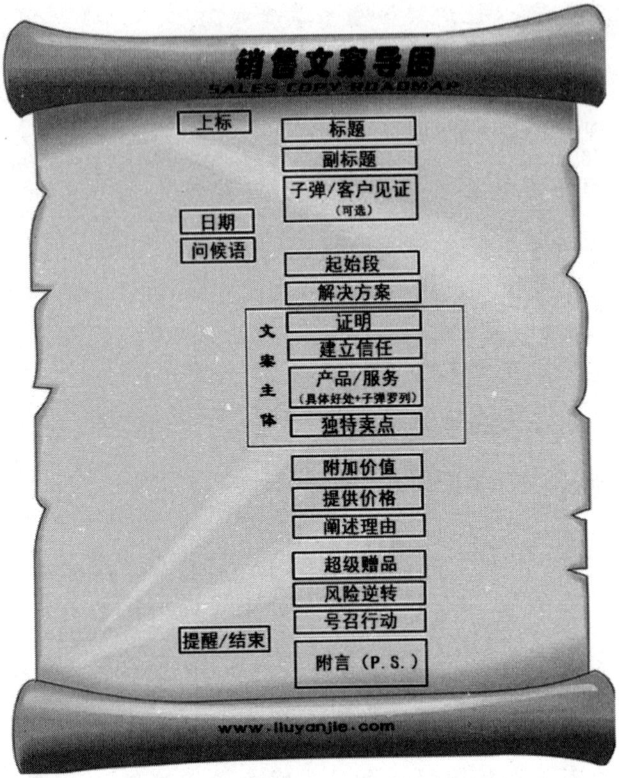

蕴含顶级智慧的销售文案撰写导图

P.S. 顺便说一句，这张导图是我首次透露出来，你可以把它放进你的点子文档里面！希望我提供的这张导图，可以使你的文案撰写技巧更上一层楼。

第七章

落地为王的执行策略

执行方案是生涯发展中最关键的隐性环节。如果不能够“有效达成”，一切都将失去意义。人生不是玩过家家，而是一个不断用结果来证明的多米诺连环，你要玩得精彩，就必须有一个精心布局的执行方案。

- ▲ 生涯发展最关键的隐性环节
- ▲ 主导成败的三大思维“魔式”
- ▲ 洞察别人内心的镜像技术
- ▲ 扭转战局的创意方程式
- ▲ 精英们小心守护的秘密
- ▲ “勇敢地跳下去”并非最优选择
- ▲ 策略性完善你的计划
- ▲ 从 1.0 到 2.0 到……
- ▲ 个人发展的终极目标模式

生涯发展最关键的隐性环节

执行方案是生涯发展中最关键的隐性环节，它渗透到每个环节的方方面面，如果不能够“有效达成”，一切都将失去意义。人生不是玩过家家，玩一会回家吃点东西，再跑出来接着表演。人生是一个不断用结果来证明的多米诺连环，而这个连环必须有一个精心布局的执行方案。你要玩得精彩，就要将流程做好。除了生涯发展聚能环中你看到的显性环节以外，还有很多隐性环节。

让我们一起来扩展一下思路！

主导成败的三大思维“魔式”

成功地执行一项无意义的计划，是导致失败的致命原因。如果你费尽心思做出来的方案不能给你带来结果，那么是否按时完成就无关紧要了。

下面这三个最核心的思维“魔式”，主导着这场战争的成败。

魔式一：从特质走向方案（借力）

根据你的产品、服务或技术等，从它的特质出发，向周边的相关事物、人、市场等延伸，通过借力思维来打造方案。你想要的一切，都可以通过借力来获得。善假于人，才能扶摇直上。我们具体分析一下该如何借用别人的力量，来获得自己想要的结果。

以下要点是在做任何一件事情的时候，你都需要首先考虑的问题，这能让你更快速地靠近问题的源头。

（1）借力的三大原则。

原则 1：任何你想要的结果，都已经有人做到了。你要做的是，找到这个人并向他请教、学习。如果你自己在那里摸索，可能会走很多弯路不说，时间成本也不允许你这么做。

原则 2：你想做成的事情，一定也有另外一些人想做到。找到这些人，和他们一起努力，学会资源共享。

原则 3：当你要做成一件事情时，一定会有人因为你的成功而受益。找到这些人，告诉他们，当你成功后，他们将获得怎样的好处。这样，他们就更愿意帮助你达成你的目标。

（2）借力的三个阶段。

借力分为以下三个阶段，每个阶段借力的目标和策略都有所不同。这三个阶段分别是——

第一阶段，你准备去做一件事情。

第二阶段，你正在做一件事情。

第三阶段，你已经做成一件事情。

（3）借力的三大目标。

第一阶段，你借力的目标是前行者。

第二阶段，你借力的目标是同行者或竞争者。

第三阶段，你借力的目标是后行者或第三方。

（4）借力的三大策略。

第一阶段，借力的策略是拜师，请教学习。通过书籍、视频、分享、课程或直接沟通等方式。

第二阶段，借力的策略是展开合作。通过圈子、协会或相关行业、个人，实现资源共享。

第三阶段，借力的策略是赞助。通过招商或者异业联盟等形式，让别人来借你的力，同时进一步扩大自己的影响力。

小结：借力的前提是，你必须有自己的绝活或核心产品及服务，让别人感受到跟你合作能够获得某种利益。如果你只是一味索取，是没有人愿意跟你合作或者帮助你的。有些借力对象需要你前期维护好、经营好，所以要在一开始就有意识地去经营自己的人脉，以备不时之需。

关于借力，其实有一个最大的支点，那就是——人性。

魔式二：从对象走向方案（人性）

不可否认的是，无论我们想达到什么目的，都避免不了与人打交道。如果你能洞悉人性，影响对方的认知，那么你就成功地切入到了他们的思维频道。借力于对人性的了解，进入对方的大脑，顺应并引导对方的思维模式，你的效率将大大提升。

让我们先来看一个小故事，以便大家更好地理解这一点。

有一天，北风和太阳相遇，两个人打赌。北风提议说："我们两个人各凭己力，各显神通，看谁能让路上的旅人先把衣服脱下来，谁就获胜。"

太阳说："好！你先来。"

于是北风施展威力，猛烈刮了起来。狂风乍起，路上旅人纷纷把衣服裹得更紧，行色匆匆地赶路，没有人脱下衣服。最后北风无可奈何，只好说："我承认我不行，太阳，换你来表演，看你是否有办法让路上的行人脱衣服。"

这时候，太阳大显身手，刹那间拨云见日，阳光普照，行人们逐渐感觉到暖热，便一件又一件地脱下衣服。北风见识到太阳的威力，终于俯首认输。

上面这个故事给我们两点启示：

第一，你必须顺应人性。你必须仔细研究人性，然后才能顺应人性。

第二，你必须百分之百地站在对方的角度考虑问题，才能找到突破口切入（后面的镜像技术会具体告诉你该怎么做）。

魔式三：从执行走向方案（多米诺）

花了足够多的时间和精力做出的结果，最终却发现跟自己想要的毫不相关，最后人疲马倦……这是很多人在个人发展过程中最为担忧，也是常常碰到的困境。如何避免？运用多米诺思维，这些将不再是问题。

多米诺方案打造的是以结果为导向的路线图，它是一个点、线、面、网的立体策略流程组合，它能保证我们始终把注意力集中到结果上，不会被其他因素莫名其妙地带离你的目标。

我们先来了解一下多米诺方案设计的三个本质——

第一，聚焦结果。这会让你知道你该从哪儿开始，而不是毫无头绪，无法行动。很多人无法行动，不是因为他们知道得太少，恰恰是因为知道得太多，信息量过载，无法做出选择。

第二，首先考虑借力自己。这能保证你不会因为外部借力而失去自我，这就叫“自助者天助”。

第三，不执着于一个点。这凸显了它的灵活性，好比你要去北京，你不必非要坐火车，你还可以选择坐飞机、坐大巴甚至自驾。

基于以上本质，我们推导出下面三个核心要点——

核心要点 1：从结果出发，倒推整个流程。也就是说，第一步要明确你所要达到的结果。

核心要点 2：环环相扣，层层借力。把一个问题拆解成多个点，在每一个点上操作，逐步向结果移动。

核心要点 3：预留后备方案。保证条条大路通罗马。

OK，下面我通过举例来说明整个运用思路。

首先我要问你一个问题：假如你想创业，想获得财务自由，享受轻松潇洒的生活，你认为应该如何做？你可以思考一下再往下看。

一般人可能会这样做：

打工→累积资金→创业→失败→再打工→累积资金→继续创业→获取大量资金→投资（金融、地产、股票等）

而多米诺方案应该是这样的：

投资←获取大量资金←企业系统（项目）←团队←绝活（专业技能）←思维、技术、经验←拜师、课程、书籍←聚焦

再举一例。

还是先思考一个问题。假如你想去销售一个产品，你如何选择产品以及销售策略？

大多数人可能会经过这样一个流程：

选择一个高利润产品→打广告→无效→学营销→继续做广告→还是无效→陷入瘫痪

而多米诺方案会这样做：

选择有后端的市场→找到客户→学习营销技能→设计产品→提供后续产品→获取高额利润

当然，依托企业的个人发展，多米诺又是另外一种方式。你要学会举一反三地思考问题。

小结：多米诺思维强调从结果出发，然后倒推，思考清楚这个过程需要做哪些事情，设置哪些机制，借力哪些资源，第一步需要做什么，第二步需要做什么，打造一个环环相扣、势能叠加的路线图。清楚了实现目标的路线图，那么你的

成功就不再是一种让人提心吊胆的巧合，也不再需要每天烧香拜佛地祈祷，而是一个流程化、可控化的必然结果。

以上三大“魔式”，是隐藏在个人发展方案和执行方案背后的魔术。详加参悟之后，你的水平一定会大大高于同行者。

▼ 洞察别人内心的镜像技术

任何达成目标方案的制定和实施，都是以人为基础的。毫不夸张地说，无论你要干什么，只有当你学会走进别人的内心，你才知道如何切入沟通是有效的，而镜像技术就是你的必备法宝。

一则古老的谚语说：“直到你穿着一个人的鞋子走了一英里，才能够了解这个人（只有设身处地，才能理解他人的境遇）。”对，我们的目标就是理解。要想说服某人，激励某人，向某人推销你的想法，你的产品或服务，亦或寻求帮助和支持等，想要实现这一切，你确实需要先了解那个人或那群人。我们大多只是一味地站在我们自己的角度去考虑问题，先满足自己的欲望，如此一来，便很难达成共识。

所谓镜像技术，就是进入对方——一个活着的，可以呼吸、思考、行走以及说话的人。进入他的世界，想像着他或者他们每天的经历，以及他们的生活是如何开始的……

这项技术非常重要，这是在核能加速环节也能用得上的高级技术！你可以通过以下类似的诊断和巧妙的问题去感受他们的状态。

- 是什么让他们夜里无法入眠，辗转反侧，大睁着双眼，紧盯着天花板？
- 他们害怕什么？
- 他们对什么感到气愤？对谁感到气愤？

- 他们每天最受挫折的事情是什么？
- 他们目前的发展趋势如何？他们的职业生涯或生命中将会发生什么事情？
- 他们内心深处热切期盼的是什么？
- 他们做出判断和决策的时候，脑子里是不是存在一种既定的偏见（例如认为工程师＝非常善于分析）？
- 他们有没有自己的语言（专业术语或环境语言）？
- 还有谁在寻求他们的帮助，或试图销售想法、产品和服务给他们？这些人可能如何去做？以及有可能失败的原因？
- 他们为别人提供什么服务？他们是如何成功或失败的？
- 他们的性格如何？爱好什么？喜欢去哪儿？他们最关心的是什么？
- 我帮他们做些什么，能使他们感到愉快并认可我？

诸如此类的问题……

从各个角度出发，完全融入他们的世界，用心去感受他们的一切。如有必要，真实地体验一下他们的工作和生活圈子。一旦“进入角色”，你就处于能够揣测他们想法的有利位置。也就是说，如果你不从对方的角度考虑问题，光顾着耕耘自己那一亩三分地，想理出个好的思路，简直比登天还难。

小结：在你不了解你所面对的对象时，你不得不首先对他们进行研究。虽然这会让你觉得麻烦，但是到头来你还得承认这才是一个捷径。真正悟透人性，并借力人性，正是以此为基础的——观察行为，并分析背后的思考模式。

▼ 扭转战局的创意方程式

好的创意有时能立刻扭转整个战局。学习的最终目的是能够举一反三，内化为自己的东西，这样你才能真正习而得之。一旦你掌握了创意方程式的流程秘诀，便会激发出无限的灵感和创意，那些优秀的方案和策略会喷涌而出，在你的行业里，你会成为别人眼中的策略大师。

直接进入流程——

- 设定你的问题。
- 确认你认为理想的结果并使之有形化。
- 收集所有的相关材料：特殊的、一般的。
- 打破思维模式。
- 走出自己的领域寻找。
- 尝试各种组合。
- 试用你所有的感官，一起上阵。
- 不要刻意去想，让所有的信息自我酝酿、发酵。
- 自然放松，听听音乐或出去走走。
- 把它带进睡眠。
- 答案突然出现（要随时准备好纸和笔，及时记录下来）。
- 进一步检验。

这个过程是很科学的，它调用了我们强大的潜意识。我在思考问题的时候，也常常出现一时找不到最佳解决方案的情况。执行上述步骤以后，在某一时刻，它就会突然出现。

我的床头都会放一个笔记本，当它突然出现的时候，我会快速记录下来。在给学员制定策略方案的时候，这个方法让我屡试不爽。如果你还没有去执行这个步骤，建议你赶快尝试一下，你会为它的神奇效果感到不可思议。

▼ 精英们小心守护的秘密

总有很多核心的秘密仅为少数人所掌握，并被作为“镇宅之宝”小心看护着。

它们很多时候会以你觉得普通平常的假象出现在你面前，让你无法辨别。在这里，我将大胆向你透露一二……

真正心想事成的秘密

我们经常收到“心想事成”的祝福，我们也会经常祝福别人“心想事成”，这四个字在我们的生活中几乎随处可见。但是我们也就听听看看而已，很少有人对此深究，我以前也是一样。只是后来在某一次巧合之下，让我对此有了不同的认识，我才发现原来这里面隐藏着很大的秘密。

至于这个秘密背后的原理是什么，那可以写一本书出来，还是算了吧。在这里，我主要与你分享你最关心的——如何训练自己心想事成的能力。是的，心想事成可以训练成你的能力。

首先，晚上睡觉前，根据你的方案，把第二天的学习和工作做个细化。重点是按照轻重缓急排序，重要的和紧急的先做，重要但不紧急的后做。保证你每天做的都是重要的事情，因为你很重要，你的时间很宝贵，就这么简单。

第二步，计划安排完毕以后，对着每一个计划项目开始做梦，真实地想像一下你在执行时的画面。一定要形成画面，因为只有画面才会被潜意识接收，才会促使你去执行。这个细节化的操作是个关键点，一定要去想像你操作的过程。

举个例子。比如说你明天早上起来要去晨读，那么想像一下：你早上起来洗漱完毕，拿起书，走到学校的小公园，坐在椅子上，初升的太阳晒在你的脸上，你开始安静地坐在那里看书……安静而祥和的感觉此刻你深有感触。

就是这个流程，你可以慢慢训练自己这种“做梦”的习惯。比如你要清理一下你那乱糟糟的桌子，你就想像一下：五分钟后，你开始洗抹布，然后走到你的桌子边，从右上角开始擦拭。接着你把书整理一下，全部横放。把你做这件事情的过程想像一遍，哪怕你去卫生间都可以想像一下。这不是无聊，而是从这样的小事开始训练你做梦的能力。切记要坚持。

第三步，按照做梦的流程去执行，尽量跟你想像的画面同步。如果出入不大，说明你的执行能力还不错。如果出入太大，那就要继续努力了哦！

最后，切实执行完毕之后，找个地方坐下来，好好地享受一下你做梦、执行的结果。如果差不多，那么恭喜你，你已经开始享受心想事成的结果了。

如果你能坚持，相信这对你此生都有莫大的帮助，因为这是一种能力，一种心想事成的能力。如果从小事情开始，你就学会了心想事成，那么以后不管做什么事，你都能达到这个效果。这是很奇妙的旅程。

最后总结一下这个流程——

做梦→执行→享受梦想→养成习惯

到此为止，我想你应该能看出来，这是个训练执行力的过程，而且简单有效。同时，它更是一个与内心沟通的过程。别问为什么，只要照着做，奇迹就会发生。

好了，从现在开始，去锻炼自己心想事成的能力吧，祝你成功！

集中你的注意力

集中注意力讲的是，为了实现方案制定的目标，你必须集中足够的注意力，直至实现目标为止！这其实还是在提醒你要聚焦。

如果一个医生在做心脏移植手术，你认为他可以一边手术，一边看拳击比赛吗？你当然可以一边吃爆米花一边看比赛，但是我想，一心二用对心脏手术来说，恐怕会要了躺在手术台上那位患者的生命。

我们想要得到的东西，想要实现的目标，要求我们给予的注意力，比我们愿意付出的要多得多。然而在我们的一生中，我们的注意力大多集中在我们渴望实现的目标以外的事物上。你人生的很多时间都用来“浪费”了，用一系列的无用功，堆砌出了一个“努力”的假象，然后被它“哄着”在夜里入眠。这就是我们失败的主要原因之一。

有时候，我们把注意力放在了我们其实并不想要的东西上。

有时候，我们把注意力集中到了错误的目标上。

有时候，我们将注意力集中在简单的娱乐上，比如看电视，或者整夜游戏……

无聊的娱乐活动，时常鲸吞蚕食你的注意力，而你却欲罢不能。

或许，我们对自己想要的东西有着明晰的认识和执行方案。如果我们不能集中注意力，将永远无法击中目标！

然而仅仅集中注意力显然还不够，你还需要——集中精力！

集中精力是指为了完成某件事情，你必须集中足够的精力，直到你做成为止！而不仅仅是把注意力放在上面。

很简单的一个力学原理告诉我们：刀子越锋利，越容易切割。同样，精力越集中，也就越具有力量。

▼ “勇敢地跳下去”并非最优选择

前辈们常常语重心长地告诉我们：“如果你想学会游泳，就必须跳进水里。”但是他们忘了补充另外一句话：“先在浅水区试着练习一阵子再进深水区。”结果很多人激情四射地纵身一跃……就再也没上来。

我问过很多人，很多负责重要项目的职场人士和创业者，他们是如何开始的？我得到的答案一般都是：勇敢地跳下去做。我又问他们结果怎么样？得到的答案是：项目运作不顺或干脆失败。因此而离职、亏损的不计其数。对他们来说，这都是人生的重大打击，貌似成功的确是一件很难的事情。

我欣赏这种直接跳下去的勇气，只是我认为还有更好的办法——策略性尝试！

我希望你所做的一切，都不是在胆量的激励下做出的无谓牺牲，因为活着的英雄很少。

也就是说，无论你要做什么，执行什么方案，你必须有一个测试和摸索的阶段。这个阶段的关键词是——在现有的基础上、小范围、保守。这样，你的风险就会非常小。哪怕仅仅是一个模拟，多种假设，你都会发现不一样的问题，然后你还有机会快速修正和调整。

打个比方，你有两万块钱，准备给自己的创业项目打广告。你可以在一家报纸上做一个整版广告。但现在你可以把它分开做，多投放几次。你还可以把两万块钱拆分，投入到多家媒体上。这些媒体产生的效果肯定是不一样的，其中有一家一定是最好的，这样你就不需要无目的地四处撒网，你可以开始集中火力围剿了。这个时候，你花出去的任何一分钱，都必须是能直接产生效益的，否则就是在消耗你的火力。

当然，测试的范围是很广的。在个人发展的每一个阶段、环节，以及对应方案的每一步，你都有办法进行测试。测试形式也是多样的。

在这个过程中，你走的每一步都是100%稳妥的。为什么？因为你测试过。所以说，其实成功很简单，但你必须测试。把目标的实现分成几个环节，每一个环节你都测试，多角度，多方式，这样你的每一步推进都是经过验证的。

很多时候，我感觉个人成功更多地像是一个技术活，一种按照正确思维方式推进的工程，不需要玩心跳。

▼ 策略性完善你的计划

每一次测试过后，我们都要紧跟着进行完善，进行流程设计上的优化。这是一个极其重要的环节，也是一个自我反省的环节，并且它在很大程度上决定你下一步成功与否。坚持和毅力必不可少，只是我们需要策略性完善。撞到南墙之后就要环顾四周，看看有没有梯子可以爬，而不是抱着一颗把南墙撞穿的心。持有这种心态的人，多半是被成功学毒害太深。

方案的完善首先要从个人发展全局的角度出发，再回归到具体的方案中，避免孤立地看待问题。从人性的角度、借力的角度和上下衔接的多米诺流程环节中检查并完善。

而且你一定要——实事求是！避免让自己被虚幻的美好幻想和杂乱无章的

外在因素误导，影响了你的正确判断。

这个过程可能并不会让人感到舒服，但它是必要的。你必须认真检查每一个环节，不要因为想偷点懒而错过改善的最佳时机。有多少人因为一时的惰性，觉得凑合就可以而导致遗憾。记得有一句话是这么说的："大器晚成"。晚成只能说明你当初在偷懒！

关于完善，还有一点值得注意。很多时候，你需要边做边完善，这是一个动态管理的过程。这一点我想很多人都明白，我们总是在不断修正的过程中向目标坚定迈进的！

▼ 从 1.0 到 2.0 到……

一般说来，在生涯发展中有一个问题，就是"小富即安"。特别是在你觉得一切都 OK 的时候，危机可能正在悄悄向你靠近。逆水行舟，不进则退。一旦知道你的策略行得通，你就需要乘胜追击，连升三级，打造更高版本的自己，把你的发展推向一个又一个高潮，取得更好的结果。

当你有能力、有机会（没有的话就主动创造）获得更多的时候，你绝不应该有一丝一毫的退却。在这个过程中，驱动你前进的动力，也许跟金钱已经没有太大关系了，很多时候这是一种责任。正是这种责任，让你获得了更多。

首先，我们不能老在同一个层次上过日子，要不断攀爬到更高的高度。

这是可以设计的，有三条路可供你选择。

一是由专才到专家再到行业领袖。前面我们已经提到过了，也有很多不同的形式可供选择。

二是由通才到管理者，再到高级管理者。

三是由以上两种情况所累积的知识、技能、人脉等，到开创属于自己的事业（这要看个人意愿和具体情况）。或者，同步开创自己的第二事业。以现在的社会条件，这是完全可行的。

其次，一种模式不可能一直适合你，在不同的时间和环境下，你需要调整自己的模式，或者找到更好的模式，来匹配你的发展进度。

最后，从执行的角度来说，升级放大是测试优化之后的必经之路，也是你快速获得结果的最佳策略！

我重点补充一个很多人都忽略的问题——有关于精神层面的升级。

亲爱的朋友，请你思考一下，你的工作其实有更加深远的意义，而不只是简单地为了生存。你的工作和事业使许多人生活得更加充实、绚丽，你为他人、为员工、为客户创造的价值意义深远。在这个过程中，你会越来越满意自己所做的一切。

有些人一心一意追求自己的目标，但总是卡在那个层次上。那是因为他们还没有明白，只有当一个人有了更高目标的时候，才能发挥出最大的潜力。

因此，你的目标不能仅限于获得财富，否则你永远也称不上真正的富有。

你的目标应该包括：了解自己能为他人做些什么，以及了解自己为他人做了什么。很有可能你做的工作对别人影响深远。那些人，他们需要得到最合理、可靠和客观的建议。如果他们向那些不谨慎的人寻求帮助，他们就会被误导，做出错误的决定，以至于搅乱他们的生活，从而陷入困境。你不能眼睁睁地看着他们这样下去！

如果你是一个拥有绝活的高手，你应该鼓励他们寻求你的意见和帮助，因为你了解自己，你是真心实意的，而且你真的能帮助到他们。你是否觉得这对他们来说意义重大呢？

所以不管你在做什么，也不管你认为这个社会是如何运转的，请全心全意为你服务的对象着想，无论是你的领导、老板、员工还是客户……相信我，这个社会里，谁都不傻，正所谓“路遥知马力，日久见人心”。你的付出，你对他们的关心和在乎，他们会记在心里，他们会帮助你更快速地升级和放大，你的思想观念也会发生巨大的变化。

如果你能遵循这个秘诀，那么你将获得最快速的发展，你的机会一定比别人多，而且你每天都会睡得很踏实。如果最终你能从骨子里理解并做到这一点，其实策略和技术就变得没那么重要了。最大的自私就是无私，这才是最高境界的生涯发展思路。

所以，从1.0到2.0到……这一点，几乎是不可或缺的支柱，请用心感悟。

▼ 个人发展的终极目标模式

个人发展的终极目标模式是——影响一切可以影响的力量，确保全员利益的合理化、最大化与永久化。

在这一阶段，将发生革命性的变化，把不利因素转变成有利因素。

这里所讲的发展模式，与普通人讲的发展模式不一样。我们的发展到此阶段为止，付出的是最少的，得到的却是最多的，因为我们能主动地化不利为有利。

盘点左右发展的相关群体——

- 自己的企业、单位。
- 受益者——客户。
- 贡献者——支持人员。
- 合作者——伙伴。
- 竞争者——对手。

通过格局再造，在同一个动作或过程发生时，能让各个群体之间的运行与合作方式，瞬间发生与传统方式完全不同的裂变。

格局再造的目的——

打造生涯发展的终极策略；增加受益者的数量；变贡献者为受益者；化竞争者为合作者。

格局再造的原则——

一切为了你与你所接触的各个群体的长远生存、发展以及利益的需要。

操作方法——

系统化思维、细化目标、分化群体、联合一切可以联合的力量!

P.S. 性格决定命运，气度影响格局!

第八章

为结果负责

不管你如何努力，归根结底，做了是成本，做到才是成果。哪怕一个小小的“做到”，都大于一个天大的“做了”。

- ▲ 理解的两大误区
- ▲ 给那些真正想有所作为的朋友们的建议

▼ 理解的两大误区

为了更加深刻地领悟某些重要信息，该部分需要你认真阅读。虽然它可能会戳中你的痛点，但 90% 的可能是——你将收获立刻改变的硕果！

很多人对“结果”的理解都有很大的误区。初入职场的新人存在理解误区还说得过去，但有很多人工作几年了还是如此，这让我感到震惊。理清这个问题，对任何人来说都极为重要。其中有两大误区尤其值得深思。

误区一：好态度 = 好结果

有一句流行语是这么说的：态度决定一切！没错，态度当然非常重要。如果连态度都没有，其他的就不用谈了。

但对个人来说，“好态度 = 好结果”却是一个很大的陷阱。原因很简单，既然你在一家公司工作，那么企业和你就是商业上的交换关系。企业付给你薪水，你为企业提供价值（结果）。那么请记住，在这里，你是用“结果”和公司交换，而不是用“态度”,。

工作很现实。试想一下，无论一个人做什么，即使态度再好，但是没有结果，你认为他有多少机会得到升迁和重用？

请在你的墙上，用一张大纸写上：没有结果，一切都是假的！

误区二：努力做 = 好结果

我见过很多努力工作的人，但是他们依然得不到重用和升迁，甚至一度生活在贫困线上。我觉得这种人很可怜，每天像机器人一样卖命，奔波在生存的道路上，却拿着微薄的薪水。

其实这是一种思维疾病，用拼命努力来麻痹自己没有结果的痛苦。人的大脑很奇怪，关注某一个方面久了，就会忽略另一个方面，慢慢地屏蔽掉没有结果的痛苦，这实际上是在掩耳盗铃。虽然现在你宁愿选择逃避，但总有一天你要面对这个现实，比现在更加残酷的现实。

不管你如何努力，归根结底，做了是成本，做到才是成果。哪怕一个小小的“做到”，都大于一个天大的“做了”。

你可能要说，这些道理我都明白。我遗憾地告诉你，这世界上可能没有比“我觉得我明白”更糟糕的智慧了。这比你什么都不明白还可怕，因为“你觉得自己明白了”，会让你忽视一些根本性的东西，看不到问题的本质。

人生其实比的是耐力，而真正为结果负责的只有我们自己。有意思的是，我们在人生旅途上看到的那些真正走错路的，并不是天生愚钝的人，反而是那些聪明的“明白人”。他们更容易犯错，因为他们有很多选择，结果遇到困难时就会缺少坚持，不能持续聚焦并产生结果，忽略了岁月是把杀猪刀，见谁砍谁。当青春已逝，才发现悔之已晚。

无论你现在依靠谁，不管是父母还是其他任何人，总有一天，你要独自面对一切。人的一生，说得势利一点，就是用结果来衡量的。越早产生结果，你的生命越具有价值，你越能享受美好的生活！很简单，时间太匆忙，我们不能反应太迟钝。

可能你现在觉得未来遥遥无期，但当你四十几岁的时候，你会发现人生其实很短。当你发现很多东西没有及早规划，无法做出改变的时候，剩下的就是余生了。我们只活这一世，没有预演，也无法重来。

当我认真回顾自己和身边人的过去，看清了这个过程之后，我明白这是有原因的，也是有章可循的。但年轻人现在还不懂，更有可能因为不懂而错过自己最美好的青春年华。

未来其实并不遥远，此刻不就是你曾经眺望过的一个未来吗？所以请立刻行动，把握现在，让未来的此刻变得精彩，且符合你的期望。

P.S. 只有你自己能为你的结果负责，没有人能替代，包括你的父母！

▼ 给那些真正想有所作为的朋友们的建议

当你取得一点成就之后，会有很多人向你寻求事业上的帮助，我相信你也会极力帮忙。我也同样如此。

很多人找到我，让我为他们的生涯发展做监督和辅导。记得2012年的时候，有个叫小A的朋友，是外企市场调查机构的员工。她是这样对我说的：

“我现在对我的工作感到厌烦，每天都在加班，一个人干几个人的活。我知道您做生涯辅导，也知道您不仅做规划，还提供切实可行的增加收入的技能。我也想跟您一样，希望向您学习，成为您的学员。然而我现在每个月发的工资还不太够自己花，所以我没有钱报名参加辅导。”

面对这类问题，我的直接反应通常是询问更多信息。得到她的同意后，我问了一些私人问题——

我：“过去这一年中，你是如何度过周末的？”

小A：“睡完觉起来，去商场买点东西，然后会去看个电影放松一下！”

我：“你居住的地方现在月租是多少？”

小A：“我住在一个新的单身公寓里面，月租大概1200元。”

我：“你用的什么手机？”

小A：“Iphone！”

毫无疑问，你肯定看出我问这些问题的用意了，我想了解她的价值观。从她的回答中，可以看出她的经济状况。

我敢肯定，如果她继续以现在的行为和思维方式行事，那么她不会有任何改变。不幸的是，很多人都与她有着类似的价值观。

最大的问题在哪里？对成功的必备因素缺乏了解！任何一个人，事业的成功都是基于一个最重要的因素——教育！

生涯成功的花费是很少的，一个教育投资而已。

我发现很多人都低估了教育的价值（我说的是关于职业发展的教育），除了那些特别成功的精英、企业家之外。据调查，中国人平均每年读书不到5本。我看这个结果已经足够乐观了。

知识是比金子还宝贵的财富。金钱、珠宝、房产都可以丢失，但是自己学会的东西，掌握的技能，没有人可以夺走。

没有人可以剥夺你受教育的权利，除了你自己。永远做知识的学生，总是对新事物抱着渴望和热情，不断阅读和学习，这是最值得敬佩的行为。

那些不太成功的人有错误的价值观，他们花费大量的金钱在物质享受上，买高端智能手机，贷款购买轿车，大手大脚地请客吃饭以显示“豪情”，但很少对自身增值的教育进行投资。

他们没有意识到一个事实，在任何领域，如果没有雄厚的知识做支撑，那么成功永远也不会光顾。社会在进步，知识对一个人的发展越来越重要，知识经济时代已经彻底来临。

有两种方式可以获得那些来自生活又服务于生活的知识：一是自身实践，二是有实践经验的过来人所提供的资讯或书籍等。

回过头来谈谈小A。她告诉我她真的很想听取我的真实看法，我没有拒绝她。

我跟她说：“我会给你一些点子和建议，如果你能遵循，那么你很有希望改变现状。但是很多点子不一定一开始就能奏效，一些好的建议也许会碰到例外情况。不过这都不是问题，因为改变总会给人带来一些不适！”

下面就是我的建议。

第一，彻底停止盲目听从你身边人的建议，包括你的朋友、亲戚和老师。尽管他们的出发点是好的，但是他们的建议可能并不会起作用，除非他们自己就是很成功的人，否则就是道听途说般地“瞎指挥”。一个人应该有努力成为并亲身体验作为一个精英人士或企业家的这一经历，不然无法真正了解你需要的是什么。

事实上，你应当交一些新朋友。带来负面影响的人会抑制你的发展，甚至让你麻木或后退。就好比大学宿舍里，如果有一个人打游戏，那么很快他就会“说服”周围几个人一起通宵夜战。但是如果有给你带来正面影响的人，那就很棒了。你唯一要做的，就是远离那些给你带来负面影响的人。他们会絮絮叨叨地影响你的潜意识，让你觉得至少有人陪你一起这样熬下去，你的行动欲望会被抑制，这是多么可怕啊。

有人支持你是很重要的。带来负面影响的人，对你的危害也是超乎想像的，你不要走着离开他们，而是应该一路狂奔而去。

第二，远离负债。不要做月光族，最好不要办信用卡。我到现在都没有信用卡，我不知道为什么非要去预支信用。汽车是个较大的经济负担，如果你还没达到一定的经济自由度，最好不要跟风。坐坐公交车其实挺不错的，没必要把钱浪费在堵成停车场的道路上。只要你懂得在一定的时期内控制好你的欲望，你完全可以掌控你的生活。

第三，如果你刚毕业，就找一个小小的单间住着，或者找人合租，别把钱浪费在不必要的空间上。你还在奋斗，一张床足够承载你伟大的梦想。很多“牛人”都是从地下室走出来的。

第四，给自己弄个书架或书柜，购买一些自己感兴趣的或者与你工作有关的书籍回来，最好是实战性较强的，可以马上照着开始行动的。要尽快阅读，不要放在那里让它陪你度日如年。

第五，训练自己清晰自信的演说能力。无论你的行业是什么，这对你来说都是有用的。这年头，轮到你发言的机会还是很多的，如果刚好有个竞聘机会，你总不能站在上面“哑火”，或者让人感觉“很平庸”“很没有特点”。那样的话，机会很可能就与你说再见了。没事的时候，对着你的镜子连声音带动作地演练再演练，这是可取的！

第六，训练你的文案功底，以便将来能够撰写出具备销售能力的文字。这个能力是极具经济价值的一个无形资产，并且是一种极为罕见的能力，只不过很多人都没有意识到这是个“大杀器”。你不必成为一个伟大的作家，但是一定要提高文字的销售技能。

第七，在空闲时间将自己的爱好进行实质性的商业构建，并且训练自己的商业技能。先做成一份报告，吸引人们关注你，再慢慢向他们提供你的知识或服务，形成购买。如果你的爱好不能给你带来财富和收入，那么你只能在这个爱好上消耗钱财，这可不太妙。

第八，如果就业艰难，你要情愿在一家好的公司做一份底层的工作。现在很多大学生和研究生都找不到工作，最大的原因是他们觉得找一份低水平的工作会有失他们的身份。

真正的机遇创造者知道如何抓住最小的机会。没有坏工作，即便是开锁和掏马桶，都可能有暴利收入。在你选定的行业，努力做到最好，最终你会得到最好的工作保障，因为你会让自己在这个行业中无法取代。那些一天到晚跳来跳去的人，始终徘徊在职业金字塔的最底层，一辈子就这样转悠着，抱怨着。真可怜！

第九，竭尽全力去获取成功。天资并不能帮你太多，这个世界上的人，智力都差不多。如果你比大多数人都付出更多，你就会收获更多。你不要以为自己已经很努力了，实际上你的努力程度还差得远。你必须加倍努力，全力争取。

你应当做你能做到的一切来争取成功。即便是想把字写好，如果不是每天坚持练习，也很难做到。想靠“秘密”教给你的坐在那里“冥想”以吸引宇宙的神奇力量帮助你，我认为很难！不信你想想看，看明天出门能不能捡到一万块钱？别说一万块，一块我看都不容易啊。

第十，你要训练自己具备真正的实力，而不是每天早上起来对自己说：“我是最棒的！”如果心虚，你会发现总是有一股强大的怀疑力量在小声嘀咕：“鬼才信！”这就像很多公司墙上贴着“质量第一，信誉至上”，多数情况下都是喊喊口号而已。真正厉害的角色，往往是不动声色地做到最好。

当你阅读这些文字的时候，你可能会觉得通往生涯成功之路比想像中的更加艰难，必须要做出很大的努力。

这是事实。想要获得成功，就必须有所付出。要想有秋的收获，就必须有春的播种和耕耘。换言之，你不能指望不劳而获，那会害了你。我承认，好的方法，好的策略，会让你走在正确的路上，避开很多弯路。即便如此，你仍需一心一意，全力以赴。

此路无捷径！

P.S. 英国前首相丘吉尔曾经说过：“不懈努力，并非力量与智力，是打开我们潜能的关键。”

附录　生涯发展二十二条军规

第一　你必须做你真正喜欢做的事情，擅长做的事情!

第二　你必须聚焦，聚焦在你擅长的领域和具有发展前途的行业上。

第三　你绝不能把时间和精力花费在抱怨和应对消极情绪上面。

第四　你必须修炼自己的绝活，获得绝对的核心竞争力。

第五　你必须学会为别人贡献价值，敢于为别人贡献价值。

第六　你必须尽早开始有意识地经营你的人脉。

第七　你做任何事情都要顺应人性，100% 地站在对方的角度思考问题。

第八　你必须把你的理想和想法落实到具体的步骤、措施和行动上去，没有行动的梦想是用来被嘲笑的。

第九　有价值的教育是给予也是贡献。

第十　你要勇敢地打造自己的个人品牌。

第十一　你要推崇共赢，绝不能把自己的快乐建立在别人的痛苦之上。

第十二　你必须学会借力资源。

第十三　无论你干什么，你一定要找到自己的引路人。

第十四 你必须知道，选择很重要，努力更重要。

第十五 你必须找到最简单、快速、有效的方案，然后狠狠地执行，绝不能妄想不劳而获。

第十六 你必须明白，优秀的个人品质价值连城。

第十七 你必须掌握直效营销和文案写作的技能。

第十八 你要相信，只有脚踏实地，才能平步青云。切勿好高骛远，南辕北辙！

第十九 你为梦想而奋斗，只是顺便赚钱，赚钱绝对不是你的第一目标。

第二十 你始终相信，天底下没有怀才不遇这回事。

第二十一 你坚信方法总比困难多。

第二十二 做个有信仰的人，敬天，爱人，常怀感恩之心！

后　记

我真不敢相信，自己竟然把这本书给写完了，因为平时需要做的事情实在是有点多。我总是喜欢没事找事，另外还有很多学员需要沟通。但不管怎样，结果是有了，这“结果”正拿在你的手里。我希望本书介绍的经验，对你未来的人生能有所帮助。

我希望这本书能在某种程度上改变你的生涯发展质量，哪怕是一点小的改变也好。我希望你能够成为你所在领域的专业人士，并尝试创业！因为我正是用我传授给你们的经验赢得了现在的生活。

如果你想要吸收本书的精华，建议你多读几遍，并且当你阅读本书的时候，最好借助思维导图，一步步跟随我的思路设计出你的行动方案和执行步骤。如果有不明白的地方，可以发邮件给我，或者微信留言，我们再做深入探讨。

亲爱的读者，我们的大脑分为两部分——意识和潜意识。你应该要求自己去勾画一下你梦想中的生活。不管你的想法多么不切实际，你都应该把它写下来。

换言之，你一定要有自己的梦想。不管你的梦想是什么，都要把它记下来，白纸黑字地呈现在你的面前。要像个孩子一样，充满创新和希望。其实这种创新意识我们每个人都有，只是在成长的道路上，在应试教育的大背景下，被我们的老师、家长、朋友们活生生地“扼杀”了。他们是如此的残忍无知，他们阻碍了我们成长为自己的样子，他们告诉我们要现实，很少让我们去做自己喜欢做的事情。

现在把你的优势找出来，定位聚焦在你梦想的领域，一刻也不要犹豫地去修炼自己的绝活，去有目标、有秩序地构建自己的体系。围绕你的领域、你的绝活去做这些，掌握那些对你来说真正起作用的技能，将它们运用在你的工作和创业中。

你不要迷信所谓的办公室政治,也不要指望任何人,更不要轻易被别人带走。你要先强大自己，这是成功最本质的东西。只有自己强大了，你才能吸引到你想要的人脉和资源，你才能游刃有余，千万不要跑偏。

你要每天，或许一天两次甚至三次，在你的大脑中重新勾画你心目中的完美生活，那些你真正想要的生活，不要限制自己的想像空间。你的潜意识对这些构想越清晰，你就越有可能实现这些梦想。如果你连想都不敢去想，那你就只好继续这样下去了，这是你不能容忍和接受的。接受平庸和优秀需要的精力和勇气是一样的，你要快速做出选择。

我是非常认真地在说，这是生涯发展的“秘密武器”，也是从本质上改变自己的“必杀绝技”，现在你可以据为己有。

当你知道了策略、方法和技能，那么整个世界都在你的掌控之下。当你把这些思想植入你的大脑，这些思想就会点燃你的身体和激情。这种激情会指引着你去实现你所有的梦想。

让我们一起努力吧！在未来几年内，你就会成为完全不同的人。否则，我就是在这里胡说八道，我可不想被人奚落。所以，让我们冲刺吧！

写到这里，本书已经完毕，但是有些问题我还要与你讨论一下。

正如我动笔之前一直在思考的，我会不会写得不完美？会不会有很多地方漏掉了？我准备好创作了吗？我之前从未这么干过……诸如此类。但是既然你已经把书拿在手里了，就说明我完成了任务，这比想像中要轻松许多。

你有没有发现，我们总是要等到一切尽善尽美了才开始行动，总是感觉自己还差点火候，我们总是在等待某一个完美时刻的到来。醒醒吧，朋友，那一刻永远都不会到来，也许这一等就是十几二十年。

你能把握的就是现在，你人生中最美好的时刻，最年轻的时刻就是现在。看完这几行字，你又老了一点。你就这样一点点地老去，浑然不觉！

如果说这本书我觉得还不是很完美，还有很多地方没有涉及到，那么如果有机会，我会弄个升级版，甚至3.0版，或者干脆来个系列。但是现在我得先让它出现在你面前，我不想等。

很现实的问题摆在你面前，你愿意等吗？

立刻按照我给你的策略、方法去执行吧，让自己进入状态，其他的事情都再说吧！

我知道，我已经够啰嗦的了，但我还要再补充一点。稳定下来，找到一份好工作、好事业，获得收入，赢得更加自由的人生，这种想法没错，但是最终，你要拍着胸脯问问自己，你来世上走一遭，你学习了什么本领？真正为别人，为这个社会，为国家做出了什么贡献？不要一天到晚钻到钱眼儿里去。越是想着你那点私心，你就越穷，真正的富有是物质和精神的双重富有。

所以，请健康而有意义地度过自己的一生，我会对你表示祝贺！

最后，免不了要感谢一圈，不是俗套。在我真正把这本书写完的时候，才发现原来真的有很多人需要我发自内心地感谢！

首先感谢我的父母和爱人。这么多年来，他们一直默默无闻地支持着我，给予我充分发挥自己能力的空间和时间。因为工作，我很多时候都对他们疏于照顾，他们从来没有抱怨过什么，他们的眼神让我在前行的道路上异常坚定，谢谢他们！

然后要感谢中国宇航出版社的田方卿编辑、可爱而细心的方妍编辑和所有为该书出版发行付出时间和精力的人。作为人类精神文化的传播者，他们是负责任的，也是一群有爱心、有责任感的人，这在我们的每一次沟通中都让我深有感触。感谢他们的辛苦付出，真诚地祝福他们工作顺利，万事如意！

还要感谢直效营销大师李炳池先生。与其成为朋友，是人生的一种享受，他的人品和营销理念都对我影响至深。他是一位真正的隐形高手，在国内，甚少有人像他一样，在获得巨大的成功之后，依然保持低调和谦虚的作风。他所创立的合赢岛——顶级商业资讯与战略合营平台（www.heyingdao.com），让一群正直、诚信的中小企业家聚集到一起，分享价值，合作共赢，真正实现了丰盛而富足的人生！如果你有机会，一定要加入到这个强大的合赢团队中来！

此外，感谢所有加入我一对一辅导的学员。感谢你们对我的信任，你们是最棒的！你们的求知欲望、执行能力都让我感到欣慰，你们是我一生的朋友和宝贵的财富，我为能与这样一群真诚、善良的青年人同行而感到自豪。

最后，也要感谢那些不认识的、没见过面的、来自全国各地的朋友对我的关注和支持。虽然我们未曾谋面，但你们的来信和留言、评论，都激发了我很大的动力和责任感。我发自内心地感谢你们，我会更加努力地去把这份事业做好，去帮助更多的人！

更要感谢你，亲爱的读者！也许我在写作的过程中，有些用语刺激到了你，甚至冒犯了你，但那是我的性格（我承认，我很直接），感谢你们对我的包容！当然，你们愿意掏出腰包，看我在这里喋喋不休地用文字诉说，也在感谢之列！

如果你订阅了我的“赢家谍报”，我们以后还会继续接触，并极有可能成为朋友。你会发现，刘老师是个真诚的、愿意付出的人，当然，也是一个值得信任的人。这是我的微信公众平台账号：LYJLQT。

欢迎大家来与我进一步沟通和交流。如果你有什么问题或建议，可以微信留言给我，或者给我发邮件：ask@liuyanjie.com。

希望这本书，以及以后我在“赢家谍报”中不断更新的资讯，能够真正地帮助到你。如果有机会见面，你可以简单地请我吃一顿黄焖鸡饭，那是我的最爱！

我们很快会再见！

真诚的，

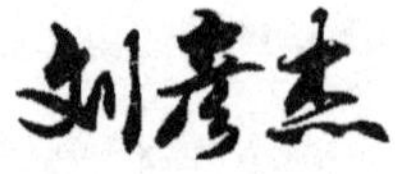

（生涯发展教练，资深直效营销人）

P.S. 请不要忘了订阅我的“赢家谍报”，免费获取生涯发展顶级新资讯！

扫描获取顶级新资讯